新文科·乡村振兴与乡村教育战略研究丛书
丛书总主编 冯用军

国家社会科学基金教育学青年课题（课题批准号CGA170250）成果

为了美好未来

乡村振兴下边境地区义务教育发展战略研究

WEILE MEIHAO WEILAI
XIANGCUN ZHENXING XIA BIANJING DIQU YIWU JIAOYU FAZHAN ZHANLÜE YANJIU

李芳 著

西安交通大学出版社
XI'AN JIAOTONG UNIVERSITY PRESS
国家一级出版社
全国百佳图书出版单位

图书在版编目(CIP)数据

为了美好未来:乡村振兴下边境地区义务教育发展战略研究/李芳著. —西安:西安交通大学出版社,2022.12

ISBN 978-7-5693-2845-5

Ⅰ.①为… Ⅱ.①李… Ⅲ.①边疆地区—义务教育—发展战略—研究—中国 Ⅳ.①G522.3

中国版本图书馆 CIP 数据核字(2022)第 198295 号

为了美好未来:乡村振兴下边境地区义务教育发展战略研究

著　　者　李　芳
项目策划　王斌会
责任编辑　张　娟
责任校对　牛瑞鑫
装帧设计　任加盟

出版发行　西安交通大学出版社
　　　　　　(西安市兴庆南路 1 号　邮政编码 710048)
网　　址　http://www.xjtupress.com
电　　话　(029)82668357　82667874(市场营销中心)
　　　　　　(029)82668315(总编办)
传　　真　(029)82668280
印　　刷　西安五星印刷有限公司

开　　本　720mm×1000mm　1/16　**印张**　13.875　**字数**　171 千字
版次印次　2022 年 12 月第 1 版　2023 年 2 月第 1 次印刷
书　　号　ISBN 978-7-5693-2845-5
定　　价　98.00 元

如发现印装质量问题,请与本社市场营销中心联系调换。
订购热线:(029)82665248　(029)82667874
投稿热线:(029)82668525

版权所有　侵权必究

编委会

学术顾问 谢维和（清华大学文科资深教授、清华大学校务委员会副主任）

刘海峰（浙江大学文科资深教授、教育部国家级高层次人才计划特聘教授）

雷　明（北京大学教授、国务院扶贫领导小组专家咨询委员会委员）

姜大源（教育部职业教育发展中心研究员、《中国职业技术教育》原主编）

常桐善（加州大学伯克利高等教育中心研究员、加州大学校长办公室院校研究与学术规划主任）

黄兆信（杭州师范大学副校长、教育部国家级高层次人才计划特聘教授）

总 主 编 冯用军（陕西师范大学教授、博士后、博导）

副 主 编 房风文（教育部职业教育发展中心助理研究员、博士）

李　芳（北京师范大学中国教育与社会发展研究院副研究员、博士）

霍翠芳（山西师范大学副教授、博士）

赵　雪（陕西师范大学博士生、唐山师范学院副教授）

编　　委 冯用军　房风文　李　芳　霍翠芳　赵　雪

总序一

乡村兴，民族才能复兴；乡村美，中国才能完美。乡村振兴战略是党之大计、国之大计、民族之大计、人民之大计，是习近平同志 2017 年 10 月 18 日在党的十九大报告中提出的顶层战略设计。

众所周知，“三农”问题（农业、农村、农民问题）是关系国计民生的根本性问题，乡村振兴战略是顺应亿万农民美好生活需要的总蓝图，也是新时代做好“三农”工作的总抓手。2018 年 9 月 26 日，为贯彻落实党的十九大、中央经济工作会议、中央农村工作会议精神和政府工作报告要求，绘制好战略蓝图，强化规划引领，科学有序推动乡村产业、人才、文化、生态和组织振兴，根据《中共中央国务院关于实施乡村振兴战略的意见》，中共中央、国务院印发了《乡村振兴战略规划（2018－2022 年）》，作为推进乡村振兴的行动指南，为实现乡村全面振兴布局。

百年大计，教育为本；教育大计，教师为本。乡村要振兴，科教必强盛，“三农”问题是全党工作重中之重，教育强国是“国之大事”之一，乡村振兴必先振兴乡村教育，因为乡村发展最终要靠人才，而人才培养最终要靠教育。扶贫先扶智，兴农先兴教，历史和实践已经充分证明，振兴乡村教育不仅是促进乡村精准扶贫与脱贫的根本，也是巩固教育精准脱贫攻坚成果与实现乡村振兴良性循环的关键，二者携手同行才能在“双循环”新发展格局中以高质量发展实绩实效迎接党的二十大胜利召开,扎实推动共同富裕,实实在在造福中国人民。

冯用军教授是教育战略问题研究专家,不仅长期关注和研究新文科、乡村振兴、乡村教育等重要领域,而且在中国西部、中部和东部的乡村与城市生活、学习和工作过,主持过多项相关国家社科基金项目、发表过多本(篇)相关论著、主编过多套教育问题研究丛书,在学术界和实践界均有一定影响力。在中共中央、国务院《乡村振兴战略规划(2018—2022 年)》的收官之年和向"第二个百年"奋斗目标迈进之际,由他来主编"新文科·乡村振兴与乡村教育战略研究丛书"(简称"新文科丛书"),可谓天时、地利、人和。

"新文科丛书"第一辑包括 4 本著作,分别是陕西师范大学教授冯用军与陕西师范大学博士生、唐山师范学院副教授赵雪合著的《山窝窝飞回金凤凰:中国返乡女大学生创新创业研究》,北京师范大学中国教育与社会发展研究院副研究员李芳的专著《为了美好未来:乡村振兴下边境地区义务教育发展战略研究》,教育部职业教育发展中心助理研究员房风文的专著《职教一人就业一人脱贫一家:职业教育精准扶贫与贫困地区发展研究》,山西师范大学副教授霍翠芳的专著《绿水青山就是金山银山:乡村生态治理路径研究》。

"新文科丛书"充分展示了各位青年作者的学术才华,他(她)们既有对党和国家战略政策的很强的领悟能力,也有对历史变迁与现实图景的很强的感悟能力,还有对"三农"问题纾解与乡村教育文化发展的很强的觉悟能力,从考据、义理、辞章的标准衡量,已然畅达如行云流水,确已超过了他(她)们的年龄界限,也充分体现了他们的学术水平。当然,"新文科丛书"并非完美无缺,在一些方面仍然显示出稚嫩的痕迹,但瑕不掩瑜,并不妨碍"新文科丛书"各分册整体的架构与对相关专题问题的评估和判断。

总之,以冯用军教授领衔的"新文科丛书"编撰团队,皆是各自学科领域的后起之秀,我历来对新青年学人寄予厚望,作此序,一是为他们各自的著作完成表示祝贺,付梓后可在更大范围内嘉惠学林,二是向学界和读者推荐,期待他们未来的研究能够更上一层楼,为新文科建设、乡土教育文化繁荣、乡村振兴战略实现等作出更大贡献。

略赘数言，以为之序！

 ①

2022 年 2 月 28 日

于北京大学

---

① 雷明，男，北京大学光华管理学院二级教授，华中科技大学系统工程学博士，北京大学经济学博士后站首位博士后，师从厉以宁先生，博士研究生导师。北京大学乡村振兴研究院（原北京大学贫困地区发展研究院）院长，英国爱丁堡大学荣誉教授。国务院原扶贫领导小组专家咨询委员会委员，教育部教学指导委员会管理科学与工程专业委员会委员，“教育部新世纪优秀人才支持计划”入选者。中国运筹学会专业委员会副理事长，中国环境科学协会环境经济学专业委员会副主任委员，国家环保部和国家统计局、中国国家林业局和国家统计局“绿色 GDP 核算”联合攻关项目组专家。在 *The International Journal of Management Science* 等发表学术论文百余篇，出版《通往富裕之路：中国扶贫的理论思考》、*Climate Mitigationand Adaptationin China*：*Policy*，*Technology and Market* 等中英文学术专著多部。

总序二

从上古时期到元宇宙时代，中华民族五千年的发展史，核心就是一部农业农村、农民发展史，乡业、乡村、乡民、乡村教育一直都是备受关注的中心话题。从《礼记》中的“建国君民，教学为先”，到《孟子·尽心下》中的“民为贵，社稷次之，君为轻”，再到唐朝陆贽《奉天论延访朝臣表》中的“故喻君为舟，喻人为水，言水能载舟亦能覆舟也，舟即君道，水即人情，舟顺水之道则浮，违则没”，民心始终被重视。中国共产党诞生、中华人民共和国成立以来，农业、农村、农民问题（简称“三农”问题）一直是党和国家关注的重特大问题，特别是改革开放以来，解决“三农”问题很快成为中共中央“一号工程”。1982 年 1 月 1 日，中共中央批转《全国农村工作会议纪要》，《全国农村工作会议纪要》成为改革开放后我国第一个“中央一号文件”。“三农”问题是中国历史上的重大存在，乡村教育也是中国学界长期关注和重点研究的重大课题，在十八大开创的新时代背景下，乡村振兴、乡村教育及其互动关系亟待系统开拓。

在中国大地上，党领导全国各族人民在实现“两个一百年”奋斗目标的接续革命中进行了历史性变革、取得了历史性成就，在第一个百年内（1921—2021 年，中国共产党成立 100 周年）成功实现了全面建成小康社会的伟大梦想，在“十四五”开局之年，顺利走上了在第二个百年内（1949—2049 年，中华人民共和国成立 100 周年）实现把我国建成富强民主文明和谐美丽的社会主义现代化强国的伟大道路。人才蔚起国运兴,教育兴旺民族强,国将兴必尊师而重傅,民族复兴必实施科教兴国、人才强国战略。2017 年 10 月,在党的十九大报告中,习近平总书记浓墨重彩地描绘了在 2020 年全面建成小康社会之后向第二个百年奋斗目标进军的宏伟蓝图,开启全面建设社会主义现代化国家的新征程。2022 年 2 月 28 日下午,习近平总书记主持召开中央全面深化改革委员会第二十四次会议,审议通过了《关于加强基础学科人才培养的意见》,强调要大力培养造就一大批国家创新发展急需的基础研究人才。“三农”工作是全面建设社会主义现代化国家的重中之重,国务院《“十四五”推进农业农村现代化规划》对“十四五”时期推进农业农村现代化的战略导向、主要目标、重点任务和政策措施等作出全面安排,要求全面推进乡村产业、人才、文化、生态、组织振兴,增强农业农村对经济社会发展的支撑保障能力和“压舱石”的稳定作用。

教育是国之大计,人才是国之大者,乡村振兴必先振兴乡村教育,没有全面现代化的农业、农村和经过现代化教育的农民,就不可能有全面现代化的社会主义中国,必须重视教育立德树人的根本任务和培英育才的元始职能。国无才不立,业无才不兴,人才是实现乡村振兴、民族复兴、国家富强、全球领先的战略资源,功以才成,业由才广。“三农”问题的根本问题不仅是战略问题、政策问题、资源问题、技术问题,也是人才缺乏问题,特别是缺乏符合中国国情、农村村情的人才。实施乡村振兴战略,发展是第一要务,人才是第一资源,创新是第一动力,高质量实施乡村振兴战略必须依靠高质量发展教育体系,必须充分发挥普通教育、职业教育、技师教育“三驾马车”的作用,必须统筹做好乡村科技教育人才产业协同发展,必须科学探索构建中国特色乡村教育振兴乡村一体化工作方法和工作机制,让人才回得来、留得下、发展好、生活美,在大有可为的新时代里大有作为。换句话说,在“双循环”新发展格局中全面实现“三农”现代化,只有把高质量发展乡村教育、培育乡土人才提高到关系乡村振兴战略成败的党之大计、国之大计的顶层高度来认识,切实做到尊师重教和不拘一格用人才,号召全社会都来关心和支持乡村教育事业的高质量发展,才能为党和国家的乡村振兴伟大事业持续提供强大的人才保证和智力支撑，为其他发展中国家通过振兴乡村教育实现乡村振兴提供中国智慧和中国方案。

乡愁，是中国人对故土人文山水、乡音乡情的悠长眷恋。千百年来“暧暧远人村，依依墟里烟”的乡土中国，正在经历人类历史上规模最大、速度最快的百年未有之大变局，如何处理好传统与现代、继承与发展、城市与乡村的关系，如何把记忆留住、乡愁留下，是绕不开的重要课题。本丛书构思得很早，但成书很迟，前后历时数年。作为专注教育系统研究二十余年的乡土学者，从我1999年走出四川大山之时，就有了主编一套“乡村与乡村教育”相关丛书的朦胧想法，只是因为忙于求学（淮北师范大学、汕头大学、厦门大学）、问学（华东师范大学、国家教育行政学院、北京师范大学）和治学（云南师范大学、唐山师范学院、陕西师范大学），以致2003年本科毕业以来都无暇顾及。2020年，面对国家乡村振兴战略的成功推进，主编一套“新文科·乡村振兴与乡村教育战略研究丛书”的愿望愈发强烈。经过综合考虑后，便将此事提上议事日程，并约请了多位长期从事乡村、乡村教育等深度研究的中青年学者加盟，他们欣然同意。

乡村振兴战略、新文科建设等都属于新领域，各位学者虽然有比较丰富的前期研究成果，但要写出各自擅长领域的专著，还是耗时耗力的。幸运的是，经过各位同道三年来的不懈努力，相继写出了初稿。

众人拾材火焰高，团队协作力量大，丛书从选题策划、遴选作者、打磨书名、精炼内容、装帧设计到出版发行，全过程、全要素、全方位受教或受益于十三届全国人大常委会委员周洪宇教授（华中师范大学）、第十一届全国人大教育科学文化卫生委员会委员谢维和教授（清华大学）、国家教育咨询委员会委员刘海峰教授（浙江大学）、国家教育体制改革领导小组办公室原副主任袁振国教授（华东师范大学）、国务院原扶贫领导小组专家咨询委员会委员雷明教授（北京大学）、教育部哲学社会科学重大攻关项目首席专家周作宇教授（北京师范大学）、全国教育科学规划教育经济与管理学科组成员阎凤桥教授（北京大学）、教育部职业技术教育中心研究所学术委员会秘书长姜大源教授（教育部）、教育部新世纪优秀人才支持计划入选者周光礼教授（中国人民大学）、加州大学总校学术委员会顾问常桐善教授（加州大学）、教育部国家级高层次人才计划特聘教授黄兆信博士（杭州师范大学）等，特别感谢清华大学文科资深教授谢维和先生、浙江大学文科资深教授刘海峰先生、北京大学教授雷明先生、教育部研究员姜大源先生、加州大学研究员常桐善先生、杭州师范大学副校长黄兆信先生应邀担任丛书学术顾问。

团结就是力量，奋斗开创未来，感谢丛书编撰团队的精诚团结、高效工作和辛勤付出，他们是北京师范大学中国教育与社会发展研究院的李芳博士、教育部职业技术教育中心研究所助理研究员房风文博士、陕西师范大学马克思主义学院博士生赵雪副教授、山西师范大学教育科学学院副教授霍翠芳博士。

希望本丛书的能成为支撑乡村振兴战略大厦的中流砥柱之一和破解“三农”问题的“金钥匙”之一，让城市留住记忆，让农村留住乡愁。

近日欣闻丛书将陆续出版，作为总主编，例应作序，以为推介，至于各书之优秀与否，只能敬待读者们裁决。希望读者们看到这部丛书，能有空谷听足音、他乡遇故知之感，更盼能有学术之认同、观点之共鸣。

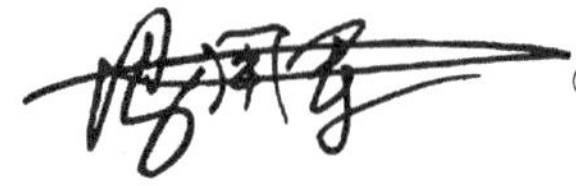①

于长安大雁塔

2022年6月28日

---

① 冯用军，男，陕西师范大学教育学部/“一带一路”教育高等研究院教授、厦门大学教育学博士、北京师范大学教育学博士后，博士研究生导师。云南省人民政府研究室特约研究员、天津大学等校客座教授兼硕导、民族教育信息化教育部重点实验室研究员。全国高校人力资源管理专业委员会常务理事、安邦中国评价科学院（AIA）院长、《中国教育学理论与实践》（ISSN：2709－7218）创始主编。在*Frontiers in Psychology*、《清华大学学报（哲学社会科学版）》、《新华文摘》等发表或被转载中英文论文150余篇，在科学出版社、人民出版社等编撰出版中英文著作20余部。

序

改革开放以来，我国的教育事业取得了丰硕的发展成果，大致经历了三个发展阶段。第一阶段是数量增长、规模扩张时期，我们把一个人均受教育年限只有1.6年(1949年)的国家，变成了一个人力资源大国；第二阶段是向内涵发展转型时期，在人均受教育年限提高到10.8年以后，把提高质量、均衡发展作为新的目标；第三阶段是十四五以后我国教育发展的新阶段，教育事业向更高质量、更加公平的现代化教育发展。进入历史发展新阶段的公平，是在充分保障了“人人有学上”的基础上，面向“人人上好学”的需求，寻求可持续发展和减少教育不平等，促进教育的优质均衡发展。乡村振兴战略，为构建更加公平的教育营造了良好的外部环境。一方面，乡村基础设施建设不断加强，乡村公共服务事业不断发展，乡村教育发展的硬件条件不断改善。另一方面，乡村制度建设不断推进，人文素养不断提高，教育优先发展的观念越来越深入人心，村民对教育的重要性更加认同，对教育的重视程度也不断提高。基于教育公平的新要求，新时代的边境地区义务教育无疑也要向更高质量、更加公平的目标迈进，进一步推动城乡优质均衡发展、城乡教育一体化发展。

自古以来中国就有“有教无类”的美好梦想，但在新中国成立以后这一梦想才有了真正实现的可能。新中国从成立之初提出“学校向工农开门”，到21世纪提出“把促进公平作为国家基本教育政策”，党和政府始终重视教育公平，在一个人口众多的国家,全面实现了九年制免费义务教育,人均受教育年限从1949年的1.6年提高到2018年的10.8年,谱写了促进教育公平的历史华章,创造了促进教育公平的中国模式,为在世界范围内实现教育公平提供了宝贵经验和重要动力。

以惠民政策保障教育公平是我国教育政策的一大特点。机会公平是保证每个人的受教育权的前提,但由于各种原因,部分人群尚处于发展不利地位,没有享受到平等的机会。为此,党和政府规划各种政策,致力于让所有人都能享受平等的受教育机会。

李芳博士结合自己的工作实践,长期积累,善于观察、勤于思考,并运用教育政策的相关理论、规范的教育科学研究方法对实践问题抽丝剥茧、深入分析。她敏锐地关注到了乡村振兴战略背景与教育优质公平之间的关系,聚焦边境地区义务教育城乡一体化,既系统梳理了边境地区义务教育城乡均衡发展的探寻历程,总结了边境地区教育公平推进的实践经验,又以发展的眼光,对未来边境地区义务教育的定位与发展道路进行剖析。她在本书中的一系列思考是边境地区义务教育政策规划研究的延续,进一步将边境地区义务教育发展与国家战略相结合,为促进边境地区义务教育健康科学发展提出若干建设性的制度设计。

我希望李芳博士在现有研究的基础上,继续关注边境地区特别是边境乡村地区教育公平的中国模式,不断深入思考,不断总结提炼,做出更多有益于中国教育事业发展的高质量研究成果。

袁振国

华东师范大学终身教授

2022年8月

目 录

第一章 乡村振兴战略对教育发展的时代要求

教育在促进社会发展的过程中始终发挥着重要作用。在新时代，教育肩负着培养担当民族复兴大任的时代新人的历史使命。继社会主义新农村建设之后，新时代“三农”工作迎来了乡村振兴的发展机遇。乡村振兴战略是习近平新时代中国特色社会主义思想在“三农”领域的集中体现，统筹乡村经济、政治、文化、生态建设，按照产业兴旺、生态宜居、乡风文明、治理有效、生活富裕的总要求，加快推进农业农村现代化。在乡村振兴战略下，教育的全局性、基础性、先导性地位将进一步凸显，城乡教育一体化发展进程将进一步加快。教育服务乡村振兴战略的要求倒逼乡村教育进一步深化教育体制机制综合改革，加强乡村教育治理能力建设，在落实立德树人根本任务的同时，通过五育并举的育人体系为培养乡村建设者贡献力量。边境乡村地区应在乡村振兴战略背景下，抓住历史机遇，加快推进城乡教育均衡发展的进程，同时，超越均衡，实现城乡义务教育一体化，促进边境地区义务教育高质量发展，铸牢中华民族共同体意识，发挥教育服务社会的功能。

一、乡村振兴战略的内涵

2021年中国共产党第十九届中央委员会第六次全体会议通过的《中共中央关于党的百年奋斗重大成就和历史经验的决议》指出:“党始终把解决好‘三农’问题作为全党工作重中之重,实施乡村振兴战略,加快推进农业农村现代化,坚持藏粮于地、藏粮于技,实行最严格的耕地保护制度,推动种业科技自立自强、种源自主可控,确保把中国人的饭碗牢牢端在自己手中。”可见“三农”不仅关乎我国的经济安全、经济发展,而且是满足老百姓基本生存需求的命脉。乡村振兴战略是新时代党中央持续关注“三农”问题、着眼“两个一百年”奋斗目标导向作出的战略安排,包含经济、生态、社会、文化、教育、科技、人力资源等方面的内容。乡村振兴战略为乡村基本公共服务发展指明了方向。

(一)乡村振兴战略的提出

乡村振兴战略的提出立足于我国新时代社会主要矛盾变化的新形势,对于解决发展不平衡、不充分的问题具有重要意义,也是我国高质量发展的必然要求。

1. 乡村振兴战略是新时代“三农”工作的总抓手

乡村振兴战略是习近平总书记在党的十九大报告中首次提出的,并被写入党章,与科教兴国战略、人才强国战略、创新驱动发展战略、区域协调发展战略、可持续发展战略、军民融合发展战略并称为全面建成小康社会需要实施的七大战略。2017年12月中央经济工作会议提出“推动高质量发展是当前和今后一个时期确定发展思路、制定经济政策、实施宏观调控的根本要求”①，并将实施乡村振兴战略作为推动高质量发展需要做好的重点工作之一。同年召开的中央农村工作会议和2018年中央一号文件《中共中央 国务院关于实施乡村振兴战略的意见》明确提出走中国特色社会主义乡村振兴道路，针对乡村振兴进行了重大决策部署，并要求各地区各部门编制乡村振兴地方规划和专项规划。2018年我国公布了《国家乡村振兴战略规划（2018—2022年）》，这一规划是以习近平总书记关于“三农”工作的重要论述为指导，按照产业兴旺、生态宜居、乡风文明、治理有效、生活富裕的总要求，对实施乡村振兴战略作出阶段性谋划，分别明确2020年全面建成小康社会和2022年召开党的二十大时的目标任务，细化实化工作重点和政策措施，部署重大工程、重大计划、重大行动，确保乡村振兴战略落实落地，是指导各地区各部门分类有序推进乡村振兴的重要依据。

2. 乡村振兴战略以建设社会主义新农村为基础

乡村振兴战略的提出与“三农”工作指导思想是一脉相承的。在乡村振兴战略提出之前，建设社会主义新农村是我国“三农”工作的指导思想。2005年10月召开的中共十六届五中全会通过的《中共中央关于制定国民经济和社会发展第十一个五年规划的建议》明确提出：“建设社会主义新农村是我国现代化进程中的重大历史任务。”国民经济和社会发展“十一五”规划纲要、“十二五”规划纲提出要用建设社会主义新农村统领“三农”工作，“十三五”规划纲要则要求提高社会主义新农村建设水平。

在建设社会主义新农村的指导思想下，乡村建设取得了丰硕成果，乡村经济有所发展，村民生活条件得到极大改善，精神面貌焕然一新，从而为实施乡村

① 安蓓，申铖．中央经济工作会议：推动高质量发展是当前和今后一个时期发展的根本要求[EB/OL]．(2017－12－20)[2022－04－11]．http://www.xinhuanet.com//politics/2017－12/20/c_1122143107.htm.

振兴战略提供了坚实的物质和思想基础。2018 年中央一号文件《中共中央 国务院关于实施乡村振兴战略的意见》明确提出实施乡村振兴战略“是决胜全面建成小康社会、全面建设社会主义现代化国家的重大历史任务，是新时代‘三农’工作的总抓手”，而且明确要求强化乡村振兴的规划引导和法治保障，从以下方面对实施乡村振兴战略进行了部署安排：提升农业发展质量，培育乡村发展新动能；推进乡村绿色发展，打造人与自然和谐共生发展新格局；繁荣兴盛农村文化，焕发乡风文明新气象；加强农村基层基础工作，构建乡村治理新体系；提高农村民生保障水平，塑造美丽乡村新风貌；打好精准脱贫攻坚战，增强贫困群众获得感；推进体制机制创新，强化乡村振兴制度性供给；汇聚全社会力量，强化乡村振兴人才支撑；开拓投融资渠道，强化乡村振兴投入保障；坚持和完善党对“三农”工作的领导。2019 年中央一号文件《中共中央 国务院关于坚持农业农村优先发展做好“三农”工作的若干意见》要求以实施乡村振兴战略为总抓手，对标全面建成小康社会“三农”工作必须完成的硬任务。2020 年中央一号文件《中共中央 国务院关于抓好“三农”领域重点工作确保如期实现全面小康的意见》进一步肯定了实施乡村振兴战略的正确性，并要求在今后一个时期继续贯彻执行。2021 年中央一号文件《中共中央 国务院关于全面推进乡村振兴加快农业农村现代化的意见》指出“要坚持把解决好‘三农’问题作为全党工作重中之重，把全面推进乡村振兴作为实现中华民族伟大复兴的一项重大任务，举全党全社会之力加快农业农村现代化，让广大农民过上更加美好的生活”。2022 年中央一号文件《中共中央 国务院关于做好 2022 年全面推进乡村振兴重点工作的意见》要求“从容应对百年变局和世纪疫情，推动经济社会平稳健康发展，必须着眼国家重大战略需要，稳住农业基本盘、做好‘三农’工作，接续全面推进乡村振兴，确保农业稳产增产、农民稳步增收、农村稳定安宁”。可见，乡村振兴战略成为当前和今后一个时期“三农”工作的指导纲领。

3. 乡村振兴战略的提出契合新时代的发展要求

乡村振兴战略的提出建立在党中央对我国“三农”工作的长期思考与社会发展形势的准确判断的基础上。第一，乡村振兴战略是对新时代社会主要矛盾变化的呼应，符合新时代的发展需求。党的十九大报告中提出，中国特色社会主义进入新时代，我国社会的主要矛盾已经转化为人民日益增长的美好生活需要和不平衡不充分的发展之间的矛盾。城乡发展差异、农业农村农民发展不够充分的问题始终是我国不平衡不充分发展的突出表现。根据《中国统计年鉴》相关数据，2017 年农民人均可支配收入为 13 432 元，而城镇居民人均可支配收入比农民人均可支配收入高出 1.71 倍，同时城乡收入相对差距缩小的步伐近年来有所放缓。事实上，在城镇化的进程中，乡村的发展越来越多地成为人民美好生活需要的重要组成部分。在乡村生活的人们期盼生活条件进一步改善，社会权益不断扩大，发展机会越来越多；城镇居民同样需要乡村蒸蒸日上的发展态势，以满足城镇居民对优质农产品、以“农家乐”为代表的生态旅游及乡土文化传承等方面的需求。因此，乡村振兴战略是对新时代社会主要矛盾变化的适应，致力于促进“三农”高质量发展，发挥出乡村发展的多重功能，解决发展不均衡不充分的问题，更好地满足城乡人民的美好生活需要。

第二，乡村振兴战略是对“三农”发展形势的敏锐洞察，是对城乡隐性差距进一步拉大的有效调整。我国城镇化的进程并没有结束，在当前以及今后的一段时间内，我国仍将不断推进城镇化。在城镇化推进的过程中，资源配置等方面极有可能出现城乡发展不均衡，并有可能出现马太效应。

一些发达国家在城镇化过程中不同程度地出现了优质资源、要素和人才向城镇聚集的现象，从而导致乡村出现人才外流，产业发展缺少技术支持，人们对发展传统农牧业的积极性降低，农业发展萧条等现象。当乡村出现“离农”思想倾向与发展态势时，“三农”发展就存在被边缘化的风险，由此导致乡村成为现代化进程中的落后区域。

我国边境乡村地区留守儿童、留守妇女、留守老人较多,劳动力老龄化、种植业分布零散、经济发展形式较为单一等现象较为突出。加之边境乡村地区跨境贸易、旅游业相对发达,在一定程度上加剧了边境地区人民的“离农”思想倾向。村民可在物流、民宿等领域获得经济收入,从事农业的兴趣降低,出现了农业经营副业化的倾向。精神层面上,边境乡村地区部分村民在发展方式、乡风文化等方面的理念仍存在偏差。村民对化肥、农药污染的认识不足,对定点投放生活垃圾及农业废弃物等健康生活方式理解不到位,仍会有随意丢弃垃圾等现象。

同时,由于城镇化、工业化、信息化、农业现代化在我国目前属于同步进行的状态,呈现出压缩性、叠加性、融合性的特点。工业技术的发展、信息手段的更新都为农业发展提供了更加丰富的支持,社会需求结构转型、消费群体结构变化为新型农业发展创造了增长点,这些都为乡村协调发展提供了新的机遇,但各种现实问题交织在一起,增加了乡村协调发展的难度。在我国经济总量稳居世界第二、发展速度较快的形势下,“三农”发展也应跟上国家发展的步伐,进一步巩固社会主义新农村和美丽乡村建设的成果。

(二)乡村振兴战略的内在逻辑

乡村振兴战略是对我国“三农”工作指导思想与方略的进一步深化,并由多因素、多关系形成其稳定的逻辑关系。

1. 以习近平新时代中国特色社会主义思想为指导

乡村振兴战略以习近平新时代中国特色社会主义思想为指导。乡村振兴战略是对“三农”工作的系统部署,是习近平新时代中国特色社会主义思想在

“三农”领域的重要体现。习近平总书记对“三农”工作高度重视。习近平总书记2015年在吉林考察时指出:“任何时候都不能忽视农业、忘记农民、淡漠农村。”①2016年,习近平总书记在安徽凤阳县小岗村主持召开农村改革座谈会时发表重要讲话,强调:“中国要强,农业必须强;中国要美,农村必须美;中国要富,农民必须富。”②习近平总书记在农村改革座谈会上全面阐释农村改革、发展、稳定的重大课题时提出:“农村稳定是广大农民切身利益,要坚定不移维护农村和谐稳定,努力让广大农民学有所教、病有所医、老有所养、住有所居。”③习近平总书记强调:“要继续推进新农村建设,使之与新型城镇化协调发展、互惠一体,形成双轮驱动。要坚持以改革为动力,不断破解城乡二元结构。”④乡村振兴战略进一步突出“三农”工作的重要性,是对习近平总书记“以人民为中心”思想的诠释。实施乡村振兴战略既要改善农民的生活、提升农民的幸福感与获得感,又要走群众路线,依靠广大农民实现乡村健康快速发展。乡村振兴战略建立在以习近平同志为核心的党中央对新时代“三农”问题判断的基础上,是新时代加快农业农村现代化步伐,加快推动我国农业大国向农业强国迈进的表现。

2. 强调系统性发展战略导向

坚持高质量发展。党的十九大报告对“高质量发展”提出了明确的要求:

---

① 习近平. 不能忘记农民淡漠农村[EB/OL]. (2015-07-19)[2022-03-28]. http://politics. people. com. cn/n/2015/0719/c70731-27325093. html.

② 习近平“三农”金句[EB/OL]. (2018-09-23)[2022-03-28]. http://www. chinadaily. com. cn/interface/toutiaonew/53002523/2018-09-23/cd_36966930. html.

③ 农民日报评论员. 坚定不移维护农村和谐稳定:三论学习贯彻习近平总书记在农村改革座谈会上重要讲话精神[EB/OL]. (2016-05-05)[2022-03-28]. http://country. cnr. cn/gundong/20160505/t20160505_522071234. shtml.

④ 习近平论“三农”[EB/OL]. (2019-05-08)[2022-04-06]. http://jhsjk. people. cn/article/31072879.

“我国经济已由高速增长阶段转向高质量发展阶段”“必须坚持质量第一、效益优先，以供给侧结构性改革为主线，推动经济发展质量变革、效率变革、动力变革”。这意味着乡村振兴过程中要完善发展基础、调整增长方式、寻求新的增长点，以高质量发展为战略导向。高质量发展首先受制于乡村发展基础与发展能力，因此，政府应从乡村基础建设做起，及时补齐短板，特别是对边境地区地形复杂、交通不便的边境沿线乡村加强公共服务基础设施建设，为乡村高质量发展提供完备的发展条件与坚实的基础设施保障。高质量发展是切合乡村实际的发展，是以解决乡村发展不充分、不平衡为目标的发展，这就要求在实施乡村振兴战略的过程中要放弃单纯对数量增长的关注，求乡村发展实效，切实满足城乡居民对优质农产品、文化旅游、民俗风情、乡村体验等的多样化、个性化、绿色化消费需求。高质量发展必须以贯彻创新、协调、绿色、开放、共享的新发展理念为前提，推进供给侧结构性改革，引导供给方敏锐捕捉需求方对产品结构、形态的新要求，增加有效供给，增强供求双方的良性互动，提高发展效率。

坚持乡村优先发展。党的十九大报告提出坚持农业农村优先发展。2018年中央一号文件将坚持农业农村优先发展作为实施乡村振兴战略的基本原则，要求“把实现乡村振兴作为全党的共同意志、共同行动，做到认识统一、步调一致，在干部配备上优先考虑，在要素配置上优先满足，在资金投入上优先保障，在公共服务上优先安排，加快补齐农业农村短板”。同时，该文件还提出“实施乡村振兴战略是党和国家的重大决策部署，各级党委和政府要提高对实施乡村振兴战略重大意义的认识，真正把实施乡村振兴战略摆在优先位置，把党管农村工作的要求落到实处”。可见，坚持农村优先发展是党中央的部署决定，并且以中央文件的形式从队伍保障、资源配置、资金投入等方面进行了部署。优先发展农村建立在我国城乡发展不平衡的现实基础上，对传统农业发展模式提出了挑战，对激发乡村市场活力、完善创新农业农村法律法规及监管规则、优化农业农村发展环境、增强人才技术资金吸引力提出了全新的要求。坚持农村优先发展需要探索一条传统农业与新产业、新业态、新模式相互协调促进的“适农”发展道路，以农民增收、改善生活为目标，使各种要素、多种形式服务于民生。

坚持城乡融合发展。党的十六大提出“统筹城乡经济社会发展”，十七届三中全会提出“把加快形成城乡经济社会发展一体化新格局作为根本要求”，党的十九大报告提出“建立健全城乡融合发展体制机制和政策体系”。这反映了党中央对加快形成新型城乡关系的认识逐步深化，也顺应了新时代城乡关系演变的新特征和新趋势，与坚持农业农村优先发展的战略导向是一脉相承、互补共促的①。城乡融合发展符合城乡之间“你中有我，我中有你”紧密联系互动的事实，有利于人口、资源、技术、资金的合理流动与优势互补，有利于提升城乡居民的生活水平与幸福感。城乡融合发展有别于城乡统筹，“统筹”解决的是“城市有而乡村没有”“两者差距较大”的问题，讲求的是城乡之间的要素统筹和分配管理，依托政府主导，主要体现在宏观统筹；城乡融合追求城乡共生共荣，依托市场，主要靠市场调节②。因此，建立健全城乡融合发展体制机制和政策体系是统筹城乡经济社会发展的有效抓手，应通过政策体系规范市场，发挥城镇市场对乡村市场的带动作用，增强农业人口参与市场竞争的能力，完善人才、技术、资金等要素向乡村市场流动的制度支持。

3. 多层次协调发展

乡村振兴战略的目标是促进乡村发展。乡村作为一个有机整体，是一个极其复杂的特大系统，它包含生态、经济、社会等多方面的极其丰富的内容③。因此，乡村振兴也是全方位振兴、多层次协调发展。

---

① 姜长云，等. 乡村振兴战略：理论、政策和规划研究［M］. 北京：中国财政经济出版社，2018：23.

② 廖彩荣，陈美球. 乡村振兴战略的理论逻辑、科学内涵与实现路径［J］. 农林经济管理学报，2017，16(6)：795－802.

③ 张小林. 乡村概念辨析［J］. 地理学报，1998，53(4)：365－370.

经济建设。乡村地区的经济建设是乡村振兴的基础,也是农民美好幸福生活的基础。物质基础决定上层建筑,乡村经济不发展,就会影响乡村基础设施建设、乡村治理、村民思想素质提升等各个方面。因此,经济建设是乡村振兴的基础,它一方面能够满足村民对美好生活的向往,满足村民日常生活所需的农副产品;另一方面能够增加村民的收入,不断改善乡村产业结构,增加农副产品附加值,提高村民幸福生活的能力。经济建设在新时代面临新的发展形势,已经不局限于传统的农业农村发展模式,主要体现在以下几个方面:打破固有思维模式,改造传统农业生产方式,与高质量发展相衔接,适应智能时代新技术的发展,创新发展模式;坚守农业发展根本,充分利用分子生物技术和物联网等新技术,形成“农业+互联网”的新生产组织方式,发展特色种养殖业,提供高品质的农牧业产品,提高农业生产率和竞争力;延伸农业产业链,加大农牧产品深加工力度,带动服务业快速发展,推动一二三产业融合发展的田园综合体和共享农庄的创新发展。乡村经济建设应以深化生产组织机制、经营制度改革为依托,通过破解传统制度与新生产形势不相匹配的问题来实现乡村经济建设的快速发展。如深化乡村土地产权制度改革,调动农民积极性,保障农民经济利益;创新生产经营方式,充分发挥电商平台的作用,形成线上线下生产、流通、销售一体化模式,重视线上销售。

文化建设。文化是乡村振兴的内在精神支撑,是乡村振兴过程中凝聚力量的重要途径。中华优秀传统文化在乡村有着很好的保存、传承与发展。在现代大工业生产中,人们对乡村的兴趣不仅体现在乡愁的释放,也有对传统文化的向往。乡村所蕴含的自然、人文文化资源,是村民提升文化品位的依托,也是驱动乡村发展的内在力量。加强乡村文化建设是一个扬弃的过程,一方面应充分继承、发扬中华优秀传统文化,发挥文化的育人价值,让村民愉悦地生活在乡村,提升自身的文化修养,促进文明乡风的建设;另一方面要抛弃封建迷信等陋习,使传统文明与现代文明相结合,不断净化乡村文化。乡村文化建设是面向村民的,应不断完善乡村文化基础设施,为村民开展丰富的文化活动提供基础条件,并组织形式多样的大众文化活动,弘扬中华优秀传统文化,发挥文化鼓舞人、传播社会正能量的作用。赋予传统民俗活动以正面积极的意义,并结合良好的文化形式,彰显民俗文化的感染力,通过民俗文化加强城乡之间的联系,增强村民的文化自信,鼓励村民自觉传播优秀民俗文化。乡村文化建设与旅游业相结合,可产生一定的经济价值,但在文化的开发与转化中,应加强文化的保护,防止对历史文化景观如名人故居、民俗文化场所等的过度商业开发,保持乡村古镇的文化风格和文化吸引力,注重乡村的可持续发展。

生态建设。生态建设是乡村振兴的难点也是关键点。乡村振兴过程中第三产业会发挥很大的作用,但乡村在商业化的过程中面临着生态被破坏的极大风险。乡村振兴是要建设一个美丽乡村、美好乡村、宜居乡村,因此生态建设对于城乡居民美好生活有着重要意义,对美丽中国建设也有着重要影响。乡村生态建设要从乡村居民的生活环境改造开始,对现有的设施进行升级改造,如取暖、生活用火等基础设施设备的改造,改用环保型燃料,减少燃煤对环境的污染,提高村民生活环境的便利性、舒适性、环保性,建设宜居的生活环境。在乡村建设过程中要将生产与环境保护结合起来,减少农业、工业、第三产业对乡村环境的污染,如尽量减少化学用品对乡村环境的污染,用生物肥料和生物农药替代化学肥料和化学农药,使用可降解程度更高的薄膜,减少农牧业生产对土地的污染。相关部门应通过多种方式加大对环保理念的宣传,使村民习惯环保的生活方式,尽量避免日常生活、生产对生态环境的污染,提高环保意识。对于已受污染的江河湖泊、土壤积极治理,通过多种技术手段逆转环境破坏,保持土地、河流的自我净化能力,并加强制度建设,防控环境污染。

社会建设。社会建设的基础是提高乡村公共服务的水平,加快乡村卫生医疗、教育、养老等公共事业的发展,完善相应的公共服务设施,培养扎根乡村的合格医生、教师、医疗护理员和康复师,为村民“病有所医、幼有所教、老有所养”

提供较为完备的硬件基础条件、配备专业过硬的高水平人才队伍。社会建设的关键是福利制度的创新，破除城乡二元结构，统筹城乡居民福利，特别是要破除乡村在医疗卫生、教育等方面的福利缺陷，保障城乡居民都有权利享有同等的福利待遇，让乡村居民享受同等的发展红利。

政治建设。乡村振兴是社会主义制度优越性的体现，是党和国家对乡村建设的整体规划。乡村振兴离不开高水平的政治建设，政治建设指引乡村振兴的发展方向和发展模式。在新时代、新形势下，乡村固有的传统决策思维、城乡融合带来的现代政治观念等对乡村政治环境、村民政治活动方式等都有一定影响。乡村振兴必要坚持党对乡村工作的全面领导，不断完善基层党组织建设，发挥基层党组织的作用。同时，不断完善民主机制，避免一言堂，杜绝村霸，营造风清气正的乡村政治风气。保障村民的政治参与权利，使村民有序参与到乡村建设中来，有合法合理表达个人诉求的渠道。完善乡村治理体系，逐步探索坚持党的全面领导，以政府为责任主体，村民、社会团体等共同参与的乡村治理格局，使乡村振兴获得组织保障。

二、教育在实现中华民族伟大复兴进程中的地位与作用

服务于中华民族伟大复兴是教育的重要使命，教育不仅是面向人人的民生事业，而且是国家发展的重要动力。

（一）教育服务于“两个一百年”奋斗目标

“两个一百年”奋斗目标是中国梦的具体化，是实现中国梦的时间表与路线图。习近平总书记指出：“为了实现中国梦，我们确立了‘两个一百年’奋斗目

标,就是到2020年实现国内生产总值和城乡居民人均收入比2010年翻一番,全面建成小康社会;到本世纪中叶建成富强民主文明和谐的社会主义现代化国家,实现中华民族伟大复兴。"①教育首先要服务于"两个一百年"奋斗目标,成为实现中华民族伟大复兴的中国梦的关键助推器。我国教育事业发展的历程证明,教育在全面建成小康社会决胜期中发挥了重要作用,成为战胜贫困的有效武器。今后,教育将立足于新的历史起点,发挥更加重要的作用。

1. 教育应立足新时代,担负新使命

党的十九大报告指出:"经过长期努力,中国特色社会主义进入了新时代,这是我国发展新的历史方位。""这个新时代,是承前启后、继往开来、在新的历史条件下继续夺取中国特色社会主义伟大胜利的时代,是决胜全面建成小康社会、进而全面建设社会主义现代化强国的时代,是全国各族人民团结奋斗、不断创造美好生活、逐步实现全体人民共同富裕的时代,是全体中华儿女勠力同心、奋力实现中华民族伟大复兴中国梦的时代,是我国日益走近世界舞台中央、不断为人类作出更大贡献的时代。"②在新时代这一历史方位中,"中国梦"是其重要的目标定位。习近平总书记明确指出:"实现中华民族伟大复兴,是近代以来中国人民最伟大的梦想,我们称之为'中国梦'。"③

如果说"两个一百年"奋斗目标和中华民族伟大复兴的中国梦是一个宏大愿景,那么教育梦就是构成宏大愿景至关重要的一部分。教育发展应立足新时

---

① 习近平在中法建交五十周年纪念大会上的讲话(2014年3月27日,巴黎)[EB/OL].(2014-03-29)[2022-03-28]. http://cpc.people.com.cn/n/2014/0329/c64094-24770826.html.

② 习近平.决胜全面建成小康社会 夺取新时代中国特色社会主义伟大胜利:在中国共产党第十九次全国代表大会上的报告(2017年10月18日)[EB/OL].(2017-10-27)[2022-04-11]. http://www.gov.cn/zhuanti/2017-10/27/content_5234876.htm.

③ 习近平.顺应时代前进潮流,促进世界和平发展:在莫斯科国际关系学院的演讲(2013年3月23日)[N].人民日报,2013-03-24(1).

代这一历史方位，服务“两个一百年”奋斗目标，通过其特定场域的育人功能，服务于中华民族伟大复兴。

2. 实现“两个一百年”奋斗目标，教育是基础

教育之所以处于优先发展的地位，是因为教育具有重要的支撑社会主义现代化建设的功能。邓小平同志指出：“我们要实现现代化，关键是科学技术要能上去。发展科学技术，不抓教育不行。”①江泽民同志1997年12月26日在会见国家自然科学奖、技术发明奖和科技进步奖的获奖代表和全国普通高校国家级教学成果奖获代表时在讲话中指出：“实施科教兴国战略，是关系我们改革成功、国家强盛和民族振兴的重大决策。”②胡锦涛同志2010年在全国教育工作会议上指出：“优先发展教育是党和国家长期坚持的一项重大方针。”③习近平总书记认为：“教育是提高人民综合素质、促进人的全面发展的重要途径，是民族振兴、社会进步的重要基石，是对中华民族伟大复兴具有决定性意义的事业。”④教育决定着人类的今天，也决定着人类的未来。人类社会需要通过教育不断培养社会需要的人才，需要通过教育来传授已知、更新旧知、开掘新知、探索未知，从而使人们能够更好地认识世界和改造世界，更好地创造人类的美好未来。教育是科教兴国战略、人才强国战略的关键点与连接点。教育发展能够充盈人才储备库，为社会主义建设源源不断地输送人才。

---

① 邓小平. 邓小平文选：第2卷[M]. 北京：人民出版社，1993：40.

② 江泽民会见科技教育界获奖代表时强调 始终把教育科技摆在重要位置[N]. 人民日报，1997-12-27(1).

③ 胡锦涛. 在全国教育工作会议上的讲话(2010年7月13日)[EB/OL]. (2010-09-08)[2022-04-06]. http://www.gov.cn/ldhd/2010-09/08/content_1698579.htm.

④ 习近平. 做党和人民满意的好老师：习近平总书记在同北京师范大学师生代表座谈时的讲话(2014年9月9日)[N]. 人民日报，2014-09-10(1).

(二)教育是人才培养的重要途径

习近平总书记讲道:"'两个一百年'奋斗目标的实现、中华民族伟大复兴中国梦的实现,归根到底靠人才、靠教育。源源不断的人才资源是我国在激烈的国际竞争中的重要潜在力量和后发优势。"①这一论断将人才置于实现"两个一百年"奋斗目标与中华民族伟大复兴中国梦历史使命的基础位置,将教育视为人才培养的重要途径。

习近平总书记明确指出:"教育就是要培养中国特色社会主义事业的建设者和接班人,而不是旁观者和反对派。"②只有中国特色社会主义事业的建设者和接班人,才能称之为人才,才能成为实现"两个一百年"奋斗目标和中国梦的可依靠力量。教育发挥着人才培养的关键作用,这种关键作用体现在润物细无声的浸润。学校应成为人才培养的主战场,让每个青少年都可以为实现中华民族伟大复兴贡献强大青春力量。学校应承担好立德树人、教书育人的神圣职责,着力培养造就中国特色社会主义事业的合格建设者和可靠接班人。

第一,培养将个人命运与中国梦紧密相连、有理想、有信念的人才。中华优秀传统文化始终强调个人梦想应与民族梦想一脉相承。习近平总书记指出:"历史和现实都告诉我们,青年一代有理想、有担当,国家就有前途,民族就有希望,实现中华民族伟大复兴就有源源不断的强大力量。"③理想指引人生方向,信

① 习近平.做党和人民满意的好老师:习近平总书记在同北京师范大学师生代表座谈时的讲话(2014 年 9 月 9 日)[N].人民日报,2014-09-10(1).

② 习近平会见清华大学经济管理学院顾问委员会海外委员和中方企业家委员(2017 年 10 月 30 日)[EB/OL].(2017-10-30)[2022-04-06].http://www.xinhuanet.com//politics/2017-10/30/c_1121879572.htm.

③ 习近平给华中农业大学"本禹志愿服务队"回信 勉励青年志愿者以青春梦想用实际行动为实现中国梦作出新的更大贡献[N].人民日报,2013-12-06(1).

念决定事业成败。没有理想信念，就会导致精神上“缺钙”。只有把人生理想融入国家和民族的事业中，才能成就一番事业。实践证明，社会是人生的大舞台，离开了国家和民族事业的大舞台，人生理想与个人价值是无从实现的。个人命运只有和人民根本利益、国家根本利益同向而行，才有价值与意义。

第二，培养弘扬中国精神的人才。习近平总书记指出：“实现中国梦必须弘扬中国精神。这就是以爱国主义为核心的民族精神，以改革创新为核心的时代精神，这种精神是凝心聚力的兴国之魂、强国之魂。”①青少年时期是价值观、人生观和祖国观、民族观形成的关键期。要抓好爱国主义教育这一课，把爱我中华的种子埋入每个孩子的心灵深处，让社会主义核心价值观在祖国下一代的心中生根发芽。中国特色社会主义事业的合格建设者和可靠接班人首先应是彰显中国精神的爱国人士，自觉把维护国家利益作为自身的行为准则。

第三，培养脚踏实地刻苦提升自身素质和本领的人才。习近平总书记强调：“广大青年要坚持面向现代化、面向世界、面向未来，增强知识更新的紧迫感，如饥似渴学习，既扎实打牢基础知识又及时更新知识，既刻苦钻研理论又积极掌握技能，不断提高与时代发展和事业要求相适应的素质和能力。”②乡村振兴需要扎根一线、扎根基层的勇于奉献的人才。乡村振兴对新兴科学技术的渴望非常迫切，需要各种层次的人才带来新方法、新思路，服务于乡村振兴事业。

① 习近平. 在第十二届全国人民代表大会第一次会议上的讲话(2013 年 3 月 17 日)[N]. 人民日报，2013－03－18(1).

② 习近平. 在实现中国梦的生动实践中放飞青春梦想 在为人民利益的不懈奋斗中书写人生华章：在同各界优秀青年代表座谈时的讲话(2013 年 5 月 4 日)[N]. 人民日报，2013－05－05(1).

三、乡村振兴下的教育战略发展

教育事业是乡村基本公共服务的重要组成内容，是支持乡村振兴的重要力量。同时，乡村振兴为乡村教育的发展提供了历史性机遇。在乡村振兴背景下，教育将继续发挥其基础性、先导性作用，并开启打破城乡二元结构、城乡均衡发展、超越城乡均衡发展的探索历程。

（一）以培养乡村建设者为育人目标

人才是乡村振兴的关键因素。因此，适应乡村振兴战略的教育应将培养人才的核心功能充分发挥，致力于为乡村培养大批建设者。

第一，以人才培养为纽带，巩固教育在乡村振兴中的重要地位。20 世纪 90 年代，我国提出并实施人才强国战略。教育是实施人才强国战略的重要途径与主要抓手。“新世纪、新阶段人才工作的根本任务是实施人才强国战略。在建设中国特色社会主义伟大事业中，要把人才作为推进事业发展的关键因素，努力造就数以亿计的高素质劳动者、数以千万计的专门人才和一大批拔尖创新人才，建设规模宏大、结构合理、素质较高的人才队伍，开创人才辈出、人尽其才的新局面，把我国由人口大国转化为人才资源强国，大力提升国家核心竞争力和综合国力，完成全面建设小康社会的历史任务，实现中华民族的伟大复兴。”①可见，人才强国战略中将人才定位为推动中国特色社会主义伟大事业发展的关键因素。同理，人才在乡村振兴战略中同样是关键性因素。教育作为培养人才的

① 中共中央国务院. 中共中央国务院关于进一步加强人才工作的决定[EB/OL]. (2013－12－26)[2022－04－06]. http://www.gov.cn/test/2005－07/01/content_11547.htm.

重要渠道，自然在乡村振兴战略中据有重要地位。

第二，以“适农”思想为特点，为乡村振兴培养多种类型的建设人才。乡村振兴所需要的人才是掌握文化知识、有一技之长、对乡村有感情、适应乡村生活、独立自主的人。因此，教育应摒弃“离农”思想。

在思想品德方面，教育的根本任务是立德树人，通过价值观、世界观、人生观的培育与主观世界的不断改造，弘扬社会主义核心价值观，提升青少年学生的思想境界与道德情操，引导他们增强对伟大祖国、中华民族、中华文化、中国共产党、中国特色社会主义的高度认同（“五个认同”），铸牢中华民族共同体意识；引导青少年学生树立起人与自然和谐发展的生态审美情趣，在乡村发展的过程中有意识地保护好生态环境；加强理想教育，引导青少年学生树立服务家乡、建设家乡的志向，培养青少年学生独立自主的人格特性，使青少年学生能够积极主动规划自己的学习和人生，获得自我成长的能力，形成不畏困难、努力拼搏、积极进取的精神。

在智育方面，教育特别是学校教育在系统传授文化知识方面有不可替代的作用，学校教育可以利用特有的课程、课堂、教材、教学、教师育人机制，使知识学习系统立体、循序渐进，最大限度适应青少年学生的认知特点、学习能力与心理接受倾向，达到事半功倍的效果。通过智育，教育对象可以系统掌握文化知识，获得从事农业生产、建设乡村的本领，成为乡村振兴的建设者。

在体育方面，教育可以强健学生体魄，使学生养成良好的锻炼习惯，形成健康的生活方式。

在美育方面，教育可以传达正确的审美情绪、对乡村生活的正确态度，摒弃“离农”价值导向，使学生充分认识乡村的价值与魅力，引导青少年学生了解乡土文化，增强人文素养。

在劳动教育方面，教育可以激发青少年学生热爱劳动的情感，使他们养成积极劳动的习惯，并通过丰富的教育形式帮助学生获得劳动技能，避免学生形成好逸恶劳的不良习惯。城乡学生都应适度参加农业劳动，加深对乡村的了解，增进对乡村的感情。

（二）以服务乡村科技需求为己任

科教兴国是国家战略之一。科学技术的落后，会在很大程度上制约农业生产效率、乡村发展速度、农民幸福生活指数的提高。

习近平总书记对科技事业的发展高度重视。2021 年，习近平总书记在中国科学院第二十次院士大会、中国工程院第十五次院士大会、中国科协第十次全国代表大会上发表讲话，高度概括总结了我们党在不同历史时期高度重视科技事业的体现。习近平总书记指出："从革命时期高度重视知识分子工作，到新中国成立后吹响'向科学进军'的号角，到改革开放提出'科学技术是第一生产力'的论断；从进入新世纪深入实施知识创新工程、科教兴国战略、人才强国战略，不断完善国家创新体系、建设创新型国家，到党的十八大后提出创新是第一动力、全面实施创新驱动发展战略、建设世界科技强国，科技事业在党和人民事业中始终具有十分重要的战略地位、发挥了十分重要的战略作用。党的十九大以来，党中央全面分析国际科技创新竞争态势，深入研判国内外发展形势，针对我国科技事业面临的突出问题和挑战，坚持把科技创新摆在国家发展全局的核心位置，全面谋划科技创新工作。"①

传播科学技术，教育无疑成为最可靠的渠道。一方面，可以通过高层次人才培养，发展、传播高精尖科学技术。从中国制造向中国创造转变，需要大量掌握高精尖科技的顶级人才，"三农"工作的创造性发展同样离不开科学技术的革新。另一方面，可以通过基础教育、劳动教育、职业教育、劳动力培训等多种方

① 习近平. 在中国科学院第二十次院士大会、中国工程院第十五次院士大会、中国科协第十次全国代表大会上的讲话[N]. 人民日报，2021－05－29(2).

式普及科技常识、教授科学基础知识，提高人们的科学素养与科学思维能力。乡村教育应充分利用乡村的自然资源优势，培育学生的科学精神与科学实践能力，为科教兴农播撒种子。

（三）以促进城乡义务教育一体化发展为主要任务

推动城乡义务教育一体化发展，特别是提高乡村义务教育质量，是以习近平同志为核心的党中央根据新时代我国经济社会主要变化作出的一项重大战略决策部署。“2016 年 5 月，习近平总书记主持中央全面深化改革领导小组会议，审议了《关于统筹推进县域内城乡义务教育一体化改革发展的若干意见》，明确指出统筹推进县域内城乡义务教育一体化发展，对缩小城乡教育差距、促进教育公平具有重要意义。李克强总理多次对提高农村义务教育水平及促进教育公平提出要求，强调教育投入要继续向困难地区和薄弱环节倾斜，不断缩小城乡、区域和校际办学差距。孙春兰副总理对推动城乡义务教育一体化发展也提出明确要求。”①孙春兰副总理提出，按照乡村振兴和城镇化规划编制义务教育学校布局规划，优化教育资源配置，推进城乡义务教育一体化发展，加强乡村小规模学校和乡镇寄宿制学校建设，通过“互联网＋”等形式，促进优质教育资源下沉②。《中共中央 国务院关于做好 2022 年全面推进乡村振兴重点工作的意见》要求“扎实推进城乡学校共同体建设”，可见城乡学校同步发展是加强基本公共服务县域统筹的重要内容。

---

① 陈宝生. 国务院关于推动城乡义务教育一体化发展 提高农村义务教育水平工作情况的报告：2018 年 8 月 28 日在第十三届全国人民代表大会常务委员会第五次会议上[EB/OL].（2018－08－28）[2022－04－07]. http://www.moe.gov.cn/jyb_xwfb/moe_176/201808/t20180828_346404.html.

② 孙春兰. 深入学习贯彻习近平总书记关于教育的重要论述 奋力开创新时代教育工作新局面[J]. 人民教育，2018(20)：7－10.

党中央的高度重视体现出人民的热切需求,推动城乡义务教育一体化发展是基于人民立场的发展方向,是追寻教育公平的重要内容。我国教育事业蓬勃发展之路始终是以人民根本利益为出发点与落脚点的教育公平之路,特别是在打破城乡二元结构、深入推进义务教育城乡均衡发展的过程中,我国高度重视顶层设计,出台了《关于统筹推进县域内城乡义务教育一体化改革发展的若干意见》《关于全面加强乡村小规模学校和乡镇寄宿制学校建设的指导意见》《关于进一步加强控辍保学提高义务教育巩固水平的通知》《关于深入推进义务教育均衡发展的意见》等一系列致力于提升乡村义务教育质量的政策文件,对乡村义务教育发展路径作出了系统安排。

站在我国义务教育公平发展的新起点上,城乡义务教育一体化发展应成为乡村振兴战略下乡村教育发展的主要方向与战略选择。推动城乡义务教育一体化发展是城乡义务教育均衡发展的更高级阶段。推动城乡义务教育一体化的前提是提高乡村义务教育水平,打破城乡二元结构,使乡村与城市义务教育发展水平在同一水平线上,进而实现教育对象的融合与教育资源的共享。乡村教育相关主体应紧紧抓住乡村振兴战略为城乡义务教育一体化发展带来的战略机遇,在乡村公共服务水平不断提升、乡村发展政策扶持力度更大的背景下,合理科学规划乡村教育的规模、布局,并不断深化教育体制改革,探索内涵式发展模式,将乡村教育推向更高的发展水平。

在乡村振兴的背景下,可探索补偿式的标准体系,即在未来特定的时间段内,乡村义务教育的各项标准(如生均公用经费标准、教师编制标准等)高于城市,以解决历史欠账,使乡村与城市义务教育位于同一发展基准上。我国在过去一段时间内,建立了城乡义务教育发展的统一标准,如制定城乡统一的学校建设标准,落实城乡统一的教师编制标准,实现城乡统一的生均公用经费基准定额标准,完善城乡统一的学校基本装备配置标准。建立城乡统一的标准,意义在于纠正以往城市高于、优于乡村的标准,至少使乡村的学校基础设施建设、师资配备、学生补贴等能够与城市保持统一。但由于乡村较低的起点与发展水平，仅统一标准是不够的，还应对乡村义务教育发展有更多的政策倾斜。

城乡一体化的义务教育发展是城乡共生、城乡融合的教育。无论城市教育还是乡村教育其教育目的都是培育德智体美劳全面发展的社会主义建设者和接班人。因此，城市与乡村打破“二元”对立，反映在教育领域，不仅是教育发展条件的一体化，也是教育目的、教育理论的一体化。无论城市教育还是乡村教育都要适当地重视劳育，培育耕读文化，探索“适农”教育模式，从观念上改变教育对象对乡村的认知，改变城市优越、城乡二元对立的观点。城乡一体化的义务教育格局可实现城乡融合，打破城乡教育之间的身份限制、内容限制和制度限制，增强城乡教育内容的共通性。

城乡一体化的义务教育发展是教育资源共享、教育过程互动、教育效果优势互补的教育。共享、互动、互补体现了城乡双方的主体性，城市与乡村均既是奉献者又是给予者，在教育事业建设的过程中力求获得共赢。在短期内，由于城市教育发展基础较好、发展水平较高，意味着城市优质教育资源会向乡村辐射，在教育方面，城市的奉献大于索取，主要体现在以下几个方面：通过信息技术手段使乡村享有与城市同等质量的教育资源；城市教育起到示范作用，扮演领跑者、教学者的角色，在教育教学过程中发挥传帮带的作用；城市教育发挥其理念、资源、师资、条件优势，辐射带动乡村教育发展。但从长远来看，乡村教育所蕴含的乡土文化、历史人文、民族风情等资源，无疑是珍贵的教育宝藏，在开拓学生视野、提供教育素材等方面有着不可替代的作用。因此，乡村并不是落后、欠发达、帮扶对象、索取的代名词，相反，乡村同样是奉献者。乡村可以成为城市学生的实践基地，促进学生知情意行各方面的发展。城乡一体化的义务教育就是通过双方资源的调动、双方发展优势的激发、双方教育成效的转化，最终形成教育发展共同体。

(四)以乡村教育高质量发展为阶段性目标

党的十九届五中全会通过的《中共中央关于制定国民经济和社会发展第十四个五年规划和二〇三五年远景目标的建议》明确了建设高质量教育体系的政策导向和重点要求。乡村教育高质量发展是建设高质量教育体系的重点与关键,也可以认为乡村教育是建设高质量教育体系的薄弱环节。我国教育体系的建立充分体现了社会主义制度的优越性,特别是以全体人民共享社会主义建设成果的价值理念为指导所制定的一系列倾斜政策,体现出中华民族大家庭对每一位成员教育权利的尊重与维护。

乡村教育高质量发展以城乡均衡发展为前提,意味着要补齐乡村教育发展历史欠账,在办学条件、基础设施、教育教学资源、师资队伍、教育信息化基本设备等方面保持城乡学校基本一致。乡村教育高质量发展是教育综合实力提升的过程,是教育理念、教育体制机制、教育教学过程、人才培养质量等各方面的高水平发展。

实现乡村教育高质量发展需要清醒认识并适应更加复杂的教育环境。随着我国教育制度的不断优化,教育发展水平的不断提高,乡村教育发展环境逐渐改善。村民对教育的作用更加重视,对待教育的态度也随之扭转,但乡村教育也面临着更加复杂的发展环境。如随着经济社会发展和生活水平提高,学生对教育的需求越来越多样、越来越立体,对教育内容、教育方式、师生关系也提出了更高的要求;新一代信息技术的发展,极大改变了学习者的学习方式,扩展了教育资源的来源,因此乡村学校传统的一块黑板、一根粉笔的时代已经成为过去,在电子白板、互动式黑板、宽带进入校园的同时,线上学习、网络信息极大冲击着学生的思维方式与教师的教学方法。在新的发展环境下,乡村教育相关主体应正视这些变化,主动调整现有教育制度和教育模式,以适应新环境,满足学生对乡村教育的更多期许。

实现乡村教育高质量发展应树立科学的发展理念。乡村教育应坚持可持续发展,抛弃短视化的教育目标与育人方式,树立长远的教育目标并探索适合学生发展的育人模式,为学生未来的幸福人生奠基,注重学生学习能力、生活能力的培养,而不去计较短期的得失。坚持个性化发展,正视并尊重学生之间的差异,因材施教,激发每个学生的求知欲,引导学生实现个性发展。坚持学校的内涵式发展,发挥学校育人的主动性,从课堂、教学、校园文化、管理、教研等方面入手,从小处着手,做好学校制度建设、文化建设、师资培养,争取学校教育成效的最大化。

实现乡村教育高质量发展应以育人质量提升为核心。首先要聚焦人才培养质量,坚持立德树人。立德树人是教育的根本,是解决培养什么人、怎样培养人、为谁培养人教育根本问题的抓手。因此,乡村教育高质量发展应以立德树人为根本任务,构建科学的学生发展评价体系,摒弃只盯着学科成绩的做法,使学生从应试教育中解放出来,成长为德智体美劳全面发展的人。特别要重视弘扬社会主义核心价值观,加强爱国主义教育、国防教育、国家安全观教育等。

实现乡村教育高质量发展需要破解一些束缚教育发展的体制机制障碍。好的体制机制是乡村教育高质量发展的助推器,可从以下几个方面努力推进乡村教育体制机制改革:完善乡村教育质量标准体系和评价体系,全面评价学生的学科学习及思想成长,促进乡村学校素质教育的发展;完善教师准入、轮转、退出、奖惩机制,促进乡村教师成长与师资流动;健全乡村教育投入长效保障机制,完善乡村教育经费投入结构,建立以提高教育质量为导向的经费使用机制等。

(五)以立德树人为根本任务

《中共中央 国务院关于做好 2022 年全面推进乡村振兴重点工作的意见》

要求创新农村精神文明建设有效平台载体，弘扬和践行社会主义核心价值观，在乡村创新开展“听党话、感党恩、跟党走”宣传教育活动。这些精神文明建设的要求与举措是边境乡村地区学校思想政治教育的重要内容与重要方式。学校是边境乡村地区铸牢中华民族共同体意识的重要渠道。由于边境地区群众居住较为分散，不少中小学以寄宿制为主，学生生活在学校、学习在学校、成长在学校，学校的育人责任被放大，管理领域也被放宽。边境乡村地区的学校应高度重视立德树人，从教育内容的选择、教育形式的安排、教育资源的利用、学生生活的有序管理等方面入手，将学科知识教育与思想品德教育相结合，引导学生知情意行统一发展，提高其分析、判断能力，使其牢固树立热爱国家、维护祖国统一、促进民族团结的思想意识。边境乡村地区的中小学应高度重视全员育人体系建设，使全校教师增强责任感及使命感，对学生的思想成长高度负责。

（六）以教育文化交流为载体传播中华文化

随着“一带一路”建设的推进，我国与沿线国家地区的交往日益密切。边境乡村地区不仅处于我国发展的重点地带，同时由于其地缘特点，也被推向了国际舞台，被推向了教育文化交流的最前沿。

边境乡村地区的中小学应保持适度的开放性，保持教育文化交流的积极性。从某种意义上讲，边境国门学校就是展示我国教育形象、传播中华文化的窗口。边境乡村地区的师生应具备讲好中国故事的能力。学校应加强对中华优秀传统文化的传播，引导学生铸牢中华民族共同体意识，在与毗邻国家边境地区学校的交流互访中、与来华小留学生相处过程中理性对待双方的文化差异与文化碰撞，坚定文化自信，以合适的方式讲好中国故事，传播中华优秀传统文化，并善于倾听，了解外来文化。

第二章 乡村振兴战略下的边境教育

乡村振兴战略背景下,边境地区义务教育发展不仅要走上城乡一体化的教育公平发展之路,而且要充分发挥边境优势,走出边境教育特色发展之路。在边境地区义务教育优质均衡发展的过程中,教育政策规划应凸显前瞻性、引领性作用。边境地区义务教育政策规划应以铸牢中华民族共同体意识为目标、以提高边境地区义务教育质量为驱动,回应边境地区义务教育发展诉求。

早在20世纪90年代,就有学者总结了边境教育"国际性、边远性、分散性、封闭性、不平衡性、低层次性、复杂性、综合性"的特征①。时至今日,边境地区教育仍旧呈现出复杂的发展态势。党中央对边境地区社会经济的发展给予高度关注。在乡村振兴的背景下,边境乡村地区迎来了重要的发展契机。在乡村振兴战略背景下,边境地区义务教育应更加突出其重要地位,与国家教育政策紧密衔接,做好教育脱贫攻坚与乡村振兴的衔接,走上优质均衡发展之路,不断推动城乡义务教育一体化发展进程,为维护国家统一与民族团结作出应有贡献。

① 瑰乔.边境民族教育基本特点浅论[J].民族教育研究,1990(1):74-79.

一、边境教育的多维内涵

边境教育既是一个区域教育的概念，指特定区域的教育发展，又是具有特定目标、责任、内容的教育概念。边境教育具有多维内涵。

（一）边境的释义

边境即地区和地区之间的界线，多指国界，如《国语·楚语上》中的“夫边境者，国之尾也”，亦指省界、县界。如清朝刘大櫆在《知上犹县方君传》中称“上犹亦江右之边境，风土约略相似”。无论是国界，还是省界、县界，均是从地理学和政治学的角度进行解释，从而使得“边境”具有地理学和政治学的含义。从当前人们的使用习惯及使用目的来看，人们所指的边境多是指国与国之间的边界。

朱家骅认为，边疆有三个含义：地理的边疆，政治的边疆，文化的边疆[①]。从这个角度而言，仅从地理意义层面上描述边境概念是不充分的。本书将边境界定为由边境线这一地理概念衍生出的国家领土完整、国家主权独立、军事、边防、文化、教育、外交等内容，包括地理、政治、军事三个层面。

第一，地理层面，即边境线内侧一定范围的行政管理区域。我国陆地边境线主要集中在东北部、北部、西北部、西南部，分别对应黑龙江省、吉林省、辽宁省、内蒙古自治区、甘肃省、新疆维吾尔自治区、西藏自治区、广西壮族自治区、云南省。

① 朱家骅．论边疆教育［M］//汪洪亮．民国时期边疆教育文选．合肥：黄山书社，2010：2.

第二，政治层面，即国家领土完整、国家主权独立。随着资本主义的兴起，世界近代多民族国家的出现，主权概念被引入。边疆问题与主权问题联系在一起，就具有了浓厚的政治意义。边境因其独特的地缘特点，成为维护国家领土主权完整的重点地区。

第三，军事层面，即“边防”“边疆防卫”。由于边境的前沿性，边疆所感受到的军事压力和外部军事环境对国家的威胁总是更强一些①。

同时，不可忽视的是随着国际形势的变化，除传统安全因素外，非传统安全因素对边境地区的影响日益增强。相对传统安全威胁而言，非传统安全威胁是随着时代变迁而出现的“除军事、政治和外交冲突以外的其他对主权国家及人类生存与发展构成威胁的因素”②。非传统安全因素的出现导致边境问题更加复杂，也使边境地区的重要性更为突出。

（二）边境教育的基本概念

边境教育具有重要的意义与功能。朱家骅认为：“边疆教育以文化的边疆为对象，换言之，即以教育居住于文化边疆之各族为目的。此种教育，与常规的普通教育不同。普通教育，系一种文化的传授、改进与创造，其文化内容为一元的。边疆教育除保存及传授各族之固有文化或地域文化之外，并须灌输民族国家所需的统一文化与现代文化，其文化的内容为二元的，如何使二元文化同时传授而不相冲突，如何使二元文化趋于一元而创造国族文化之最高形式，则应

---

① 罗中枢. 边疆的个性与共性及边疆研究的理论创新[J]. 理论与改革，2019(2):107－118.

② 刘洋. 国际安全形势发展与我国国际安全应对对策探讨[J]. 法制与经济(中旬)，2013(4):129.

确守两大原则——谋适应，求交融。”[①]著名历史学家郑鹤声曾指出，在20世纪30年代的国际国内大背景下，边疆教育实际上是国人在心理上的国防建设。[②]田正平等提出边疆教育深受近代教育内部逻辑发展、时代主题、中国特殊政治环境的综合影响。[③] 可见，边境地区的战略地位决定了边境教育无论在战争年代，还是在和平年代，都担负着重要的思想引导任务。

本书中的边境教育是指在边境地区这一特定区域所开展的教育事业的总和及其特性。边境地区的教育特性体现在两个方面。第一，教育发展水平相对较低。边境地区处于教育发展水平相对较低的地带，虽然在新中国成立后边境地区教育事业发展取得了长足的进步，但由于长期以来边境地区社会经济发展相对滞后、发展条件较为有限等多种原因，边境地区教育发展水平仍相对较低。教育制度仍需要逐步完善，教育观念仍需要逐渐更新，进一步增强内生动力。第二，教育发展面临的内外部环境具有复杂性。我国的边境地区和多个国家陆路接壤，跨境民族众多，地理位置十分重要[④]。由于边境地区地理位置的特点，边境地区既处于政策利好辐射的远端，又处于与周边国家交往交流的前沿；既面临着发展不充分、不平衡的问题，又存在文化多样性碰撞的问题。这些特点都在不同程度上增加了边境教育发展的难度。

---

① 汪洪亮. 国族建构语境下国人对边疆地区多元文化及教育方略的认识：侧重20世纪30—40年代的西南地区[J]. 四川大学学报(哲学社会科学版)，2011(4)：56－62.

② 娄贵品，曹曦.《西南边疆》关于边疆教育的调查研究[M]//林超民. 西南古籍研究. 昆明：云南大学出版社，2011：256－263.

③ 田正平，张建中. 对近代边疆教育研究的思考[J]. 西北师大学报(社会科学版)，2009(3)：69－72.

④ 苏德，陈中永. 中国边境民族教育论[M]. 北京：中央民族大学出版社，2012：2.

二、边境地区义务教育的重要地位

边境地区始终是我国教育现代化的重点领域。西部大开发、脱贫攻坚、对口支援等国家战略成为促进边境地区教育发展的重要政策保障,而“一带一路”建设又将基础较为薄弱、发展水平欠佳的边境地区推向了改革开放的最前沿,赋予边境地区义务教育新的使命。党的十九大对社会主义事业进行了全面部署,提出了新时代中国特色社会主义基本方略,其中包括“坚持社会主义核心价值体系、坚持总体国家安全观、坚持推动构建人类命运共同体”等。教育系统在国家方略的实施中发挥着基础性的作用,应在学校教育中切实把弘扬社会主义核心价值体系、国家安全观教育、国防教育、中华民族共同体意识教育等落实到位,加快边境地区教育事业的高质量发展。

教育事业对于促进人的全面发展、提升国民素质以及建设中国特色社会主义现代化具有基础性作用。党的十九大提出“建设教育强国是中华民族伟大复兴的基础工程,必须把教育事业放在优先位置,加快教育现代化,办好人民满意的教育”①。建设教育强国必须优先发展教育事业,坚持正确的办学方向,落实立德树人根本任务,推进素质教育,加快教育现代化。

义务教育阶段较之高等教育和职业教育处于教育阶段的前端,是教育事业的关键环节。由教育的功能及服务对象的特点来看,义务教育阶段在思想教育方面发挥着铸牢中华民族共同体意识及让受教育者形成正确的民族观、宗教观、国家观、历史观、文化观的作用,为受教育者奠定“人生底色”与“发展基调”;在技能学习方面发挥着让受教育者有一定的知识储备,使受教育者养成良

① 本书编写组.党的十九大报告辅导读本[M].北京:人民出版社,2017:45.

好学习习惯的作用。加之义务教育阶段学龄儿童身心尚不成熟，必须对其积极引导、精心培育，使之具有高度的国家认同感，具备辨别与防范各种不安全因素的能力，成为中国特色社会主义事业的合格建设者和可靠接班人。

在建设社会主义现代化国家发展战略中，边境地区义务教育是培养合格人才、展示国家综合实力、坚定文化自信、弘扬社会主义核心价值观的最前沿阵地。在优先发展教育事业的战略部署中，边境地区义务教育是补短板、强弱项的重要环节。

三、边境地区教育政策规划的作用

教育政策规划是对教育事业发展方向、发展战略、发展路径的前瞻性构想。边境教育发展由于受到多重因素的影响，属于较为复杂的教育体系，涉及教育与外部环境、教育部门与其他职能部门、教育内部各主体要素之间的关系等多方面的协调统筹。唯有系统谋划，各种要素与机制才能协调起来，边境教育才能获得长足发展。教育政策规划在边境教育发展中所发挥的作用非常重要。边境地区义务教育政策规划应从国家战略高度统筹规划，综合考虑规模、结构、质量、效率等问题。例如，加强硬件的建设，即提高我国边境地区尤其是国门学校的办学水平，将学校打造为边境线上的亮丽风景线，树立教育强国的良好国际形象；加大软件水平的提升，即统筹师资队伍、课程教学评价、教育文化交流等内容，加大教育政策创新力度、提高教育治理能力、深化教育综合改革，促进中华优秀传统文化的传播。

（一）铸牢中华民族共同体意识

习近平总书记在2021年中央民族工作会议上明确提出："铸牢中华民族共

同体意识是新时代党的民族工作的'纲',所有工作要向此聚焦。"①边境地区一直处于较为复杂的国内外发展形势中,是社会矛盾较为集中、国家安全形势较为严峻的地区,在边境地区铸牢中华民族共同体意识尤其重要。

铸牢中华民族共同体意识是边境地区义务教育政策规划的永恒主题。与边境地区发展规划相对应,边境地区义务教育除了要完成教育资源均衡配置、学校标准化建设及优质教育资源提升等任务外,必须发挥好铸牢中华民族共同体意识的基础性作用。

教育是铸牢中华民族共同体意识的重要途径之一。边境地区义务教育发展政策规划要回应如何铸牢中华民族共同体意识的问题。边境地区义务教育首先要肩负起时代赋予的铸牢中华民族共同体意识的永恒使命,形成将伟大祖国认同、中华民族认同、中华文化认同、中国共产党认同、中国特色社会主义认同相统一的教育过程与教育模式。在教育目的、教育方式、教育内容上,创建促进民族团结进步、增强中华民族共同体认同的教育体系,并将学科教育与培育中华民族共同体意识相统一。思想不断深化的过程,必然是从个性到共性、从感性到理性、从思想到行动的过程,在边境地区义务教育中,应从以下方面铸牢中华民族共同体意识:不断提高学生尊重差异、包容多样的意识,让学生在中华民族大家庭中手足相亲、守望相助;创新载体和方式,引导各民族学生牢固树立正确的祖国观、历史观、民族观、文化观;用法律来保障民族团结,增强学生的法律意识;坚决反对大汉族主义和狭隘民族主义,自觉维护国家最高利益和民族团结大局;把尊重、继承和弘扬少数民族优秀传统文化,与传承、建设各民族共享的中华文化有机结合。

---

① 习近平出席中央民族工作会议并发表重要讲话[EB/OL].(2021-08-30)[2022-04-07].http://www.cppcc.gov.cn/zxww/2021/08/30/ARTI1630282949485103.shtml.

(二)夯实教育发展根基

边境地区义务教育发展在实施西部大开发、打赢脱贫攻坚战、实现脱贫攻坚与乡村振兴有效衔接的过程中均有重要意义。

在西部大开发战略的实施过程中,教育始终是非常重要的内容。2016 年颁布的《国务院办公厅关于加快中西部教育发展的指导意见》指出:“党中央、国务院历来高度重视中西部地区教育发展。进入新世纪以来,国家通过实施西部地区‘两基’攻坚计划、深化农村义务教育经费保障机制改革、营养改善计划、校舍安全工程、农村薄弱学校基本办学条件改善计划、农村教师特岗计划、对口支援、定向招生等重大举措,推动中西部教育迈上了新台阶。”同时,将“实现县域内义务教育均衡发展”作为重要任务,提出建立义务教育学校动态调整机制、保障教学点基本办学需求、标准化建设寄宿制学校、全面加强乡村教师队伍建设等若干任务。可见,义务教育的发展是西部教育发展的重点环节。

边境地区多属于西部大开发的范围。2020 年中共中央、国务院印发了《关于新时代推进西部大开发形成新格局的指导意见》,明确要求把打好三大攻坚战特别是精准脱贫攻坚战作为决胜全面建成小康社会的关键任务,集中力量攻坚克难。重点解决实现“两不愁三保障”面临的突出问题,聚焦深度贫困地区和特殊贫困群体,加大脱贫攻坚力度,减少和防止贫困人口返贫,确保到 2020 年现行标准下西部地区农村贫困人口全部实现脱贫,贫困县全部摘帽。在全面完成脱贫任务基础上压茬推进乡村振兴战略,巩固脱贫攻坚成果。同时,特别提出支持教育高质量发展,要求加快改善贫困地区义务教育薄弱学校基本办学条件,全面加强乡村小规模学校、乡镇寄宿制学校建设。在县域义务教育学校学位供需矛盾突出地区有序增加义务教育供给,有效解决“大班额”问题,做好控辍保学工作。可见,在西部大开发过程中,义务教育势必继续发挥出固脱防返的基础性作用。

教育精准扶贫成为新时代对边境地区的发展要求。2014 年,中共中央办公厅、国务院办公厅发布《关于创新机制扎实推进农村扶贫开发工作的意见》,明确提出精准扶贫的构想,要求变“漫灌式”粗放型扶贫为“滴灌式”精准型扶贫。习近平同志在2015 减贫与发展高层论坛演讲中指出:“扶贫必扶智,让贫困地区的孩子们接受良好教育,是扶贫开发的重要任务,也是阻断贫困代际传递的重要途径。我们正在采取一系列措施,让贫困地区每一个孩子都能接受良好教育,让他们同其他孩子站在同一条起跑线上,向着美好生活奋力奔跑。”[①]可见,教育在扶贫全局中具有不可替代的作用。2010—2020 年,我国进入精准扶贫攻坚时期,从中央到部委、地方出台了《关于打赢脱贫攻坚战的决定》《关于实施教育扶贫工程的意见》等一系列文件,出台了针对义务教育阶段的教育精准扶贫行动,如国家贫困地区义务教育工程、农村中小学现代远程教育工程、农村寄宿制学校建设工程等。边境地区亦是打赢脱贫攻坚战的重点区域。这意味着打赢脱贫攻坚战是边境地区补齐短板、弯道超车的关键时期,是实现边境地区时代性大发展的重要时期。而在边境地区脱贫攻坚的过程中,教育承担着脱贫、扶贫的双重任务。一方面,应加大边境地区义务教育的发展力度,使边境地区义务教育摆脱薄弱状态,保障边境地区适龄儿童可以接受良好教育。另一方面,边境地区义务教育应发挥教育阻断贫困代际传递的作用,增强教育服务社会发展的能力,助力整个边境地区的脱贫事业。

随着脱贫攻坚战取得全面胜利,脱贫攻坚与乡村振兴的有效衔接成为当前的重要任务。2021 年全国两会期间,习近平总书记在参加内蒙古代表团审议时

---

① 习近平. 携手消除贫困　促进共同发展:在 2015 减贫与发展高层论坛的主旨演讲(2015 年 10 月 16 日)[EB/OL]. (2015 - 10 - 16)[2022 - 04 - 11]. http://www.xinhuanet.com/politics/2015 - 10/16/c_1116851045.htm.

强调:“脱贫摘帽不是终点,而是新生活、新奋斗的起点。”①面对脱贫攻坚与乡村振兴有效衔接的新起点,边境地区义务教育应以更快的步伐、更有效的方式推进城乡一体化高质量发展,增强“扶智”与“扶志”的能力。

边境地区义务教育发展政策规划要积极呼应时代的要求,在改善办学条件、均衡化发展、提升人才培养质量等方面持续发展,不仅要与全国义务教育平均发展水平齐平,而且要向优质发展迈进,发挥出教育服务社会的功能与作用。

(三)促进教育文化交流

边境地区由于其地理位置的便利性,一直是国际经济贸易的重要口岸。除了官方的交流渠道,边境地区还存在较为频繁的民间非正式交流现象。2015年,国家发展改革委、外交部与商务部联合发布了《推动共建丝绸之路经济带和21世纪海上丝绸之路的愿景与行动》,标志着“一带一路”建设正式成为国家级规划。《推动共建丝绸之路经济带和21世纪海上丝绸之路的愿景与行动》突出体现了“一带一路”建设的三大特点。第一,以“打造政治互信、经济融合、文化包容的利益共同体、命运共同体和责任共同体”为核心目标,突出了文化交流,文化被提到了较高的位置。第二,形成沿线国家的全领域合作,将“政策沟通、道路联通、贸易畅通、货币流通、民心相通”作为合作重点。“民心相通”是“一带一路”建设的社会根基,是共建人类命运体的重要心理基础。国之交在于民相亲,民相亲在于心相通,要实现同沿线国家多领域密切合作,就要得到沿线各国人民的支持,加强同沿线各国人民的友好往来,增进相互了解和传统友谊,为开展区域合作奠定坚实民意基础和社会基础。第三,强调教育在共建“一带一路”中的基础性与先导性作用。“一带一路”是增进理解信任、加强全方位交流

① 姚媛,裴逊琦.“脱贫摘帽不是终点,而是新生活、新奋斗的起点”:落实习近平总书记两会嘱托一年回顾[N].农业日报,2022-03-04(1).

的和平友谊之路。各国间的关系发展既需要经贸合作的“硬”支撑，也离不开文化交流的“软”助力。在人文交流广泛深入、不同文明互鉴共荣的过程中，教育无疑发挥着传递思想、增进共识的重要作用。

《推动共建丝绸之路经济带和21世纪海上丝绸之路的愿景与行动》提及了重点参与“一带一路”建设的18个省区，而边境9个省区均在列。边境9个省区都拥有口岸，为边境地区与毗邻国家互通往来提供了便利的条件。在与“一带一路”沿线国家广泛交流的同时，我国边境地区正在经历着对外开放的纵深发展，将成为“一带一路”建设的重要节点。广西壮族自治区辐射带动边境地区深度融入“一带一路”，深度融入国内国际双循环，畅通国内市场和东盟市场循环大通道，加强与东盟国家经贸合作，实现边境贸易稳边、安边、兴边、富民。2019年，广西边境贸易进出口1486.1亿元，其中边境小额贸易进出口1090.8亿元，边民互市贸易进出口395.3亿元，均居全国沿边省区之首。[①] 内蒙古自治区边境地区公路总里程达到4.5万公里；西藏自治区分别与尼泊尔、不丹、印度、缅甸等国接壤，有樟木、吉隆、普兰三个国家一类边境口岸，另有亚东乃堆拉贸易通道，以及多个边贸市场和边民互市点；黑龙江深度融入“一带一路”和中蒙俄经济走廊建设，打造我国向北开放的重要窗口。[②] 从边陲“末梢”到开放“前沿”的历史方位之变，是我国边境地区的深刻变迁。在“一带一路”建设的纵深推进下，边境地区与中原腹地、东部发达地区必将开展更加活跃的区域合作，也将与邻国展开更为频繁密切的教育文化交往，在不断深入的区域合作与国际交往中承担起全新使命。

“一带一路”建设将边境地区置于中国教育开放的前沿阵地，民族教育在夯实与沿线国家合作的民意基础和社会基础方面有着得天独厚的优势。我们应发挥特色和优势，传播民族文化，加深彼此的价值认同和文化认知，发挥出文教

① 廖志荣.边境不再边 小康在身边[N].广西日报,2020-12-24(1).
② 兴边富民“十四五”沿边省区勇担当[N].内蒙古日报,2021-03-08(8).

先行的潜力,消除误解误判,为国家间的友好合作营造良好的社会氛围,进而推进持久发展。因此,人文交流是边境地区不可回避的重要内容,边境地区义务教育发展政策规划必须回应教育文化交流的时代新命题。其中应包含三个层次的规划:文化认同、文化理解、文化交流。

第一,文化知识的传授与文化自信的培养。学校教育是培养人才的主阵地,传授文化知识与培养文化自信是边境地区义务教育学校的重要任务。如何认识中华民族的历史与文化,如何增强对中华民族文化的认同感与凝聚力,这是边境地区学校教育在培养具有国际交往能力的人才的过程中需要注意的重点。可通过历史、地理、思想政治等学科进行知识渗透,并开展各类主题活动,知己知彼,让学生掌握基本的文化知识,具备基本的文化素养。学校可通过知识教学、主题活动等,引导学生了解边境地区的民族风情,了解我国的历史文化知识,增强学生对祖国文化的认同感,激发学生的民族自豪感与民族自信心。同时,让学生了解"一带一路"沿线不同国家的地理、民族、历史、文化、宗教、政治知识,具备与毗邻国家学生进行教育文化交流的知识储备。

第二,文化理解能力与文化包容能力的培养。学校教育应引导学生学会求同存异,以尊重、理解、欣赏、包容的态度正确对待毗邻国家的文化、宗教、民族,学习借鉴毗邻国家的优秀文化。在边境地区义务教育学校接收外国籍学生不断增多的情况下,应着力培养学生的文化理解能力与文化包容能力。让学生能够从文化差异的角度来解读外籍学生的生活、饮食、学习习惯,尊重差异,与外籍同学建立跨国友情。

第三,文化交流、文化创新能力的习得。与内地相比,边境地区义务教育学校的师生拥有更多参加国际文化交流活动的机会,如与毗邻国家学校的学生共同庆祝六一儿童节,参加跨境重大民族节日庆典活动等。在文化交流活动中,学校应引导学生礼仪得当、言行举止得体,鼓励学生以文化交流为契机传播中华文化,并逐步培养学生的创新精神,能够在弘扬中华文化的过程中有所升华,促进中华民族文化的创新与发展。

四、边境地区义务教育政策的目标

基于边境教育在我国教育战略发展中的重要作用，以及在铸牢中华民族共同体意识中的重要地位和价值，作为边境地区教育主要组成部分的义务教育更加需要全面系统周全的教育政策加以引领。边境地区义务教育应率先打破城乡二元结构，实现城乡均衡发展，但不应止步于此，应超越城乡均衡发展的思路，融入国家教育战略全局之中。具体而言，边境地区义务教育政策的目标主要有以下两个方面。

（一）立德树人，铸牢中华民族共同体

以爱国主义教育为主线，有效整合国防教育、国际教育合作交流活动等，提高边境地区青少年的辨别能力，使其形成坚定的理想信念，防范抵御各种形式的敌对势力的渗透和破坏；积极传播中华优秀传统文化，将我国的优秀文化和思想观念发扬光大，通过健康持续的教育文化交流活动，扩大中华优秀传统文化的影响力和感染力。

充分发挥教育转变观念、提升思想素养、增强认同感等方面的强大功能，使边民特别是青少年牢固树立自觉维护国家统一、民族团结，共筑“中国梦”的思想观念，有针对性地锻炼其实践能力。

铸牢中华民族共同体意识是边境地区义务教育政策规划的总纲。边境地区义务教育承担着稳固边疆、维护民族团结与国家统一的重要使命。边境地区义务教育政策规划要将铸牢中华民族共同体意识作为教育政策的主线和“纲”，

通过一系列的政策安排，充分发挥教育的基础性作用。

从铸牢中华民族共同体意识的角度，协调处理“多元”与“一体”的关系，正确把握共同性与差异性的关系。以铸牢中华民族共同体意识为主线，正视边境地区的特征，对于合理调整边境地区中小学布局、建设边境国门中小学、开办民族学校及民族班、开展国家通用语言文字教育教学、开设民族团结专题课程及民族优秀传统文化教育课程、组织教育文化交流活动等给予明确政策指导，坚持增进共同性、尊重和包容差异性的原则。

（二）回应边境地区义务教育发展实践诉求

针对边境地区自然环境较为恶劣、社会矛盾较多、社会治理能力相对薄弱，以及边境地区国际跨文化交往密切等现实情况，边境地区义务教育政策规划应表达出当前边境地区义务教育发展形势对政策规划的实践诉求，尊重边境特色，放弃“一刀切”“齐步走”的政策安排，教育政策规划应与边境地区的实际政策环境高度契合。

第一层面，倡导边境义务教育发挥综合作用。如边境地区义务教育是否应坚持对外开放，边境地区义务教育如何承担增进边境地区与周边国家文化交往、增强中国文化影响力的重要责任，等等。相关政策的制定都应立足于边境地区实际情况。

第二层面，倡导国家教育战略的宏观引导。由于边境教育具有突出的公共性特点，在政府—市场—第三部门的权力转移过程中，应注意维护国家教育事业的健康稳定发展，站在国家教育战略的高度，明确定位，统筹选择。

第三层面，倡导分类管理理念，针对“谁来为边境地区义务教育买单”的现实问题，尝试建立区别于其他地区义务教育经费保障的制度。在实践中，我国部分边境地区义务教育阶段承担着中国当地适龄儿童与毗邻国家适龄儿童两部分人群的教育任务。这也就存在着边境地区义务教育承担着树立教育大国形象的任务的客观事实。鉴于类似情况，根据地方财政尤其是县级财政的实际情况，可以建立以中央转移支付为主体的边境地区义务教育经费保障制度及边境学校经费保障制度，以回应边境地区义务教育的相关需求。

第四层面，倡导特色化发展，探索边境地区义务教育课程教学体系特色化发展。可在边境地区义务教育课程教学体系中将统一性与个性化有机结合；可探索以国家课程标准为目标，在实现路径、发展模式的选择上，允许灵活性与多样性，突出边境地区的地方特点，融入有地方特色的课程模块并加大地方教育资源开发。

教育政策规划是实现问题、目标、价值、政策方案相匹配的工具与手段，只有准确、全面回应现实诉求，方可彰显政策规划的特点，充分发挥政策规划的作用。

五、边境地区义务教育的发展

学生在简陋的教室里上课、一个班级有不同年龄的孩子等着老师复式教学、孩子们三人两铺或睡“大通铺”等现象，就是以往边境地区城乡教育发展不均衡的缩影。边境地区义务教育发展的历程，就是正视现实困难与问题，不断把短板垫起来、把低点补起来的过程。边境地区义务教育发展之路，是国家以人民利益为中心，不断输出符合教育公平价值理念的政策规划的建设之路。通过县域义务教育均衡发展、打赢教育脱贫攻坚战、实施“全面改薄”项目、完善义务教育质量评价体系等国家规划，城乡义务教育差距日益缩小，城乡均衡发展常态化、制度化。边境地区义务教育发展之路，是地方政府勇于担当，围绕教育经费保障、控辍保学、学校布局调整、集团化办学、“互联网＋教育”等关键现实问题，不断探索适合本地区义务教育城乡均衡发展的制度创新之路。

（一）推动义务教育城乡均衡发展的国家规划

面对城乡义务教育差距，我国高度重视推动义务教育城乡均衡发展，实施了一系列国家规划，取得了非常显著的成就。从1986年实行九年义务教育制度开始，我国用了25年的时间分别实现了普及九年义务教育和实施城乡免费义务教育，实现了适龄少年儿童“有学上”的目标。2013年以来，我国累计改善贫困地区义务教育薄弱学校10.8万所，760个贫困县通过县域义务教育基本均衡发展国家实地督导检查，全国99.8%的义务教育学校（含教学点）办学条件达到基本要求。九年义务教育巩固率达94.8%，95.3%的县实现义务教育基本均衡，20余万名建档立卡辍学学生实现动态清零。在“十四五”期间，将更加深入地推进义务教育均衡发展，力争实现所有适龄儿童少年“上好学”，聚焦于提升乡村学校、薄弱学校办学水平以及全面提高义务教育质量，不断推动高质量教育公平的实现。

1.启动国家县域义务教育均衡发展督导评估

《国务院关于深入推进义务教育均衡发展的意见》（国发〔2012〕48号）对义务教育均衡发展督导评估作出明确指示，提出以下要求：“加强对义务教育均衡发展的督导评估工作，对县域内义务教育在教师、设备、图书、校舍等资源配置状况和校际在相应方面的差距进行重点评估。对地方政府在入学机会保障、投入保障、教师队伍保障以及缓解热点难点问题等方面进行综合评估。将县域公众满意度作为督导评估的重要内容。省级政府要根据国家制定的县域义务教育均衡发展督导评估办法，结合本地实际，制定本省（区、市）具体实施办法和评估标准。省级政府教育督导机构负责对所辖县级单位基本实现义务教育均衡发展情况进行督导评估,国务院教育督导委员会负责审核认定。"

教育部印发的《县域义务教育均衡发展督导评估暂行办法》(教督〔2012〕3 号)对县域义务教育均衡发展的评估方法、评估指标、评估标准、评估程序、结果应用等方面进行了详细规定。2017 年,教育部颁布了《县域义务教育优质均衡发展督导评估办法》,2019 年,教育部又印发了《县域义务教育优质均衡发展国家督导评估认定工作规程》,县域义务教育均衡发展评估验收制度体系更加完备。第一,设置了县域义务教育均衡发展评估的前置条件。义务教育发展基本均衡县的评估认定应在其义务教育学校达到本省(区、市)义务教育学校办学基本标准后进行,按照省级评估、国家认定的原则进行,国家教育督导团对省级评估工作进行指导和监督。换言之申请国家认定的前提是对所辖义务教育阶段学校是否达到本省基本办学标准先进行评估,只有达到要求,才有资格申请国家的认定。第二,圈定了县域义务教育均衡发展的评估内容。评估的重点内容在于县域内义务教育校际间均衡状况、县级人民政府推进义务教育均衡发展所做的工作等。既要体现对发展状态的客观评价,也要体现对教育治理能力、政府作为态度的评价。第三,体现了"办好人民满意的教育"的宗旨。县域义务教育均衡发展督导评估将公众对本县义务教育均衡发展的满意度作为评估的重要参考,这在一定程度上反映出以人民为中心的导向,也督促教育行政部门站在人民立场上推动义务教育城乡均衡发展。第四,建立了评价指标与标准。国家县域义务教育均衡发展督导指标体系在 2012 年公布的《县域义务教育均衡发展督导评估暂行办法》中就有明确表述。如对县域义务教育校际间差异的评估由生均教学及辅助用房面积、生均体育运动场馆面积、生均教学仪器设备值、每百名学生拥有计算机台数、生均图书册数、师生比、生均高于规定学历教师数、生均中级及以上专业技术职务教师数等 8 项指标构成,通过这些指标计算小学、初中综合差异系数,小学综合差异系数控制在 0. 65 以下,初中综合差异系数控制在

0.55 以下即达标。《县域义务教育均衡发展督导评估暂行办法》针对县域义务教育均衡发展督导评估确立了4个方面的17项指标,每一指标根据其重要性赋分,总分为100分,得分在85分以上即通过评估。

《县域义务教育优质均衡发展督导评估办法》在上述指标的基础上,进行了进一步完善,设置了资源配置、政府保障程度、教育质量、社会认可度四个方面的评价指标,具体评价指标见表1。

表1 县域义务教育优质均衡发展督导评估指标①

维度	指标
资源配置	每百名学生拥有高于规定学历教师数:小学、初中分别达到4.2人以上、5.3人以上
	每百名学生拥有县级以上骨干教师数:小学、初中均达到1人以上
	每百名学生拥有体育、艺术(美术、音乐)专任教师数:小学、初中均达到0.9人以上
	生均教学及辅助用房面积:小学、初中分别达到4.5平方米以上、5.8平方米以上
	生均体育运动场馆面积:小学、初中分别达到7.5平方米以上、10.2平方米以上
	生均教学仪器设备值:小学、初中分别达到2000元以上、2500元以上
	每百名学生拥有网络多媒体教室数:小学、初中分别达到2.3间以上、2.4间以上

① 教育部.县域义务教育优质均衡发展督导评估办法[EB/OL].(2017-04-26)[2022-04-22].http://www.moe.gov.cn/srcsite/A11/moe_1789/201705/t20170512_304462.html.

续 表

维度	指标
政府保障程度	县域内义务教育学校规划布局合理,符合国家规定要求
	县域内城乡义务教育学校建设标准统一、教师编制标准统一、生均公用经费基准定额统一、基本装备配置标准统一
	所有小学、初中每12个班级配备音乐、美术专用教室1间以上;其中,每间音乐专用教室面积不小于96平方米,每间美术专用教室面积不小于90平方米
	所有小学、初中规模不超过2000人,九年一贯制学校、十二年一贯制学校义务教育阶段规模不超过2500人
	小学、初中所有班级学生数分别不超过45人、50人
	不足100名学生村小学和教学点按100名学生核定公用经费
	特殊教育学校生均公用经费不低于6000元
	全县义务教育学校教师平均工资收入水平不低于当地公务员平均工资收入水平,按规定足额核定教师绩效工资总量
	教师5年360学时培训完成率达到100%
	县级教育行政部门在核定的教职工编制总额和岗位总量内,统筹分配各校教职工编制和岗位数量
	全县每年交流轮岗教师的比例不低于符合交流条件教师总数的10%;其中,骨干教师不低于交流轮岗教师总数的20%
	专任教师持有教师资格证上岗率达到100%
	城区和镇区公办小学、初中(均不含寄宿制学校)就近划片入学比例分别达到100%、95%以上
	全县优质高中招生名额分配比例不低于50%,并向农村初中倾斜
	留守儿童关爱体系健全,全县符合条件的随迁子女在公办学校和政府购买服务的民办学校就读的比例不低于85%

续表

维度	指标
教育质量	全县初中三年巩固率达到95%以上
	全县残疾儿童少年入学率达到95%以上
	所有学校制定章程，实现学校管理与教学信息化
	全县所有学校按照不低于学校年度公用经费预算总额的5%安排教师培训经费
	教师能熟练运用信息化手段组织教学，设施设备利用率达到较高水平
	所有学校德育工作、校园文化建设水平达到良好以上
	课程开齐开足，教学秩序规范，综合实践活动有效开展
	无过重课业负担
	在国家义务教育质量监测中，相关科目学生学业水平达到Ⅲ级以上，且校际差异率低于0.15
社会认可度	县级人民政府及有关职能部门落实教育公平政策、推动优质资源共享，以及义务教育学校规范办学行为、实施素质教育、考试评估制度改革、提高教育质量等方面取得的成效。社会认可度调查的对象包括：学生、家长、教师、校长、人大代表、政协委员及其他群众。社会认可度达到85%以上。

《县域义务教育优质均衡发展国家督导评估认定工作规程》指出继续执行《县域义务教育优质均衡发展督导评估办法》规定的评价指标及标准，并根据教育发展实际情况对某些情况进行了补充。

可见，县域内义务教育均衡验收解决了如何评价义务教育发展的问题，为推动义务教育城乡均衡发展提供了有效的抓手，当地可以对照评估办法中的指标来不断提高本区域内义务教育的发展水平。

国家层面的顶层推动十分有效，义务教育城乡均衡发展水平不断提升。根据教育部发布的《2019年全国义务教育均衡发展督导评估工作报告》，截至2019年底，全国累计2767个县通过国家认定，占比为95.32%；累计23个省份整体实现县域义务教育基本均衡发展。通过国家认定的县中，东部地区 890 个（全部实现），中部地区 872 个，西部地区 1005 个。全国尚有 9 个省份 136 个县未通过认定，其中中部 2 个省份 39 个县，西部 7 个省份 97 个县。据不完全统计，自 2016 年以来，69 个基本均衡申报县在义务教育阶段累计投入 345 亿元，新建学校 307 所，改扩建学校 3919 所，新增学位 39 万个，新建校舍面积 590 万平方米，新建体育运动场馆 739 万平方米，新增实验室、功能室 1.8 万间，新增教学仪器设备价值 74 亿元，新增图书 3186 万册，新增计算机 24 万台。新补充教师共约 3 万人，其中音乐、体育、美术、科学、信息技术等学科教师约 6000 人，占新补充教师的 20%，参与交流的校长和教师达 4.9 万人次。黑龙江、云南两省分别安排省级财政专项奖补资金 6 亿元、8.9 亿元，重点投入攻坚县和贫困地区。

2. 打赢教育脱贫攻坚战

以习近平同志为核心的党中央坚持以人民为中心的发展思想，把脱贫攻坚摆到治国理政的重要位置，提升到事关全面建成小康社会、实现第一个百年奋斗目标的政治高度。习近平同志对教育在扶贫中的作用非常重视，在多个场合发表讲话，重申教育扶贫、脱贫的重要性。2012 年，习近平在河北省阜平县考察扶贫开发工作时指出："治贫先治愚。要把下一代的教育工作做好，特别是要注重山区贫困地区下一代的成长。""把贫困地区孩子培养出来，这才是根本的扶贫之策。"[①]在给"国培计划（二〇一四）"北师大贵州研修班参训教师的回信中写道："扶贫必扶智。让贫困地区的孩子们接受良好教育，是扶贫开发的重要任

① 在河北省阜平县考察扶贫开发工作时的讲话（2010 年 12 月 29 日、30 日）[M]//习近平. 做焦裕禄式的县委书记. 北京：中央文献出版社，2015：24.

务,也是阻断贫困代际传递的重要途径。”①在北京市八一学校考察时,习近平同志特别指出了城乡教育均衡发展的重要性:“要优化教育资源配置,逐步缩小区域、城乡、校际差距,特别是要加大对革命老区、民族地区、边远地区、贫困地区基础教育的投入力度,保障贫困地区办学经费,健全家庭困难学生资助体系。要推进教育精准脱贫,重点帮助贫困人口子女接受教育,阻断贫困代际传递,让每一个孩子都对自己有信心、对未来有希望。”②

教育与脱贫、扶贫、防返贫的关系一直都被高度重视。我国脱贫攻坚的一系列制度设计都将教育作为脱贫、扶贫、防返贫的重要组成部分。1984 年出台的《中共中央 国务院关于帮助贫困地区尽快改变面貌的通知》首次明确提出了“增加智力投资”的表述,《国家八七扶贫攻坚计划》将“改变教育文化卫生的落后状况”列为扶贫攻坚目标之一,这两份国家级文件是对教育扶贫概念政策化的最早体现,文件中虽未出台有关教育扶贫的措施办法,但体现出将教育扶贫作为目标的鲜明思路③。《中国农村扶贫开发纲要(2010—2020 年)》明确提出了“发展教育文化事业”的若干举措。2013 年出台的《关于实施教育扶贫工程的意见》决定在《中国农村扶贫开发纲要(2011—2020 年)》所确定的连片特困扶贫攻坚地区实施教育扶贫工程。2015 年出台的《中共中央 国务院关于打赢脱贫攻坚战的决定》单列“着力加强教育脱贫”条目,强调各级各类教育脱贫要求;单列“重点支持革命老区、民族地区、边疆地区、连片特困地区脱贫攻坚”条目,突出重点区域的特殊扶持思路。2016 年 11 月,国务院印发《“十三五”脱贫攻坚规划》单列“教育扶贫”一章,指出要以提高贫困人口基本文化素质和贫困

① 习近平. 给“国培计划(二〇一四)”北师大贵州研修班参训教师的回信(2015 年 9 月 9 日)[N]. 人民日报,2015 - 9 - 15(1).

② 习近平. 全面贯彻落实党的教育方针 努力把我国基础教育越办越好[N]. 人民日报,2019 - 9 - 10(1).

③ 李芳,宋熙炯. 教育扶贫:价值理性与工具理性融合的实践逻辑[J]. 教育文化论坛,2020(3):57 - 63.

家庭劳动力技能为抓手,瞄准教育最薄弱领域,阻断贫困的代际传递。2017 年发布的《关于支持深度贫困地区脱贫攻坚的实施意见》,将西藏、四省藏区[①]、四川凉山区和南疆四地州云南怒江州、甘肃临夏州合称为"三区三州"。2018 年出台的《深度贫困地区教育脱贫攻坚实施方案(2018—2020 年)》针对保障义务教育提出统筹推进县域内城乡义务教育一体化改革发展、着力解决"乡村弱""城镇挤"问题、优化学校布局、强化义务教育投入、确保所有义务教育学校如期达到"20 条底线要求"、加强"三区三州"乡村小规模学校和乡镇寄宿制学校的建设和管理、继续实施农村义务教育学生营养改善计划等具体措施办法。

从理论上讲,教育对脱贫、扶贫、防返贫的作用并不是直接线性、立竿见影的,但教育的作用是根本性的,可从源头上解决"内生动力"的问题,获得脱贫的"志向"与"能力",并且具有阻断贫困代际传递的基础性作用。对于边境地区而言,教育脱贫攻坚战的意义在于两个层次,第一个层次是"教育脱贫",即改变教育自身贫困的状态,第二个层次是"教育扶贫",即发挥教育在扶贫中的基础性作用。打赢教育脱贫攻坚战所推动的一系列教育扶贫政策,如增加教育经费投入、加大控辍保学力度、实施贫困学生资助政策等多种方式,对持续改善边境乡村地区中小学办学条件、阻断因贫辍学起到了重要作用,在很大程度上迈出了城乡教育均衡发展的第一步。

3. 实施"全面改薄"项目

"全面改薄"即全面改善贫困地区义务教育薄弱学校基本办学条件。农村义务教育薄弱学校改造计划是从 2010 年起开始实施的,其目的是全面提高农村教育质量,从而推进义务教育均衡发展。农村义务教育薄弱学校改造计划直接针对农村中小学办学条件差的现实问题,重点支持硬件条件改善,聚焦两类

① 目前"四省藏区"的提法已经改为涉藏工作州县。"三区三州"深度贫困县在 2020 年全部实现脱贫,深度贫困县全部摘帽。

项目：一类是教学装备类项目，包括配置图书、教学实验仪器设备等器材，每个班级配置多媒体远程教学设备，期限是2010—2012年；另一类是校舍改造类项目，主要包括改善农村学校餐饮条件或配备必要的餐饮设施、加强寄宿制学校住宿及附属生活设施建设、支持县镇学校扩容改造、集中力量解决“大班额”等突出问题，期限为2010—2015年。农村义务教育薄弱学校改造计划体现出鲜明的弱势补偿特点，即重点向集中连片特殊困难地区倾斜，并向贫困地区、革命老区、边疆和民族地区倾斜；教学装备类项目县必须是农村义务教育学校图书、教学实验仪器设备、音体美等器材整体没有达到国家基本配备标准的市县；校舍改造类项目县应是纳入本省义务教育均衡发展规划、拟优先解决农村义务教育学校食堂、宿舍等附属设施短缺的市县。因此，农村义务教育薄弱学校改造计划直接服务于城乡二元结构最明显的地区、农村教育发展最薄弱的环节，极大改善了农村中小学的基础设施，加快了边境地区城乡义务教育均衡发展的进程。

在实施农村义务教育薄弱学校改造计划、农村初中改造工程等一系列重大工程项目的基础上，农村义务教育学校办学条件得到了根本性的改善。为了进一步解决贫困地区义务教育薄弱学校历史欠账问题，2013年教育部、国家发展改革委、财政部出台了《关于全面改善贫困地区义务教育薄弱学校基本办学条件的意见》。这一意见针对的是贫困地区薄弱学校改造，以中西部农村贫困地区为主，兼顾东部部分困难地区；以集中连片特困地区为主，兼顾其他国家扶贫开发工作重点地区、民族地区、边境地区等贫困地区。意见所聚焦的现实问题包括薄弱学校办学成本较高、教学条件较差、寄宿制学校宿舍和食堂等生活设施不足、村小和教学点运转比较困难、教师队伍不足等，从保障基本教学条件、改善学校生活设施、办好必要的教学点、妥善解决县镇学校大班额问题、推进农村学校教育信息化、提高教师队伍素质等方面提出改进措施。贫困地区义务教育薄弱学校基本办学条件改善以改善硬件条件为主，对教师队伍也提出了相关的政策要求,这对农村义务教育城乡均衡发展起到了进一步的推动作用,从更深层次上直指边境乡村地区中小学发展的瓶颈。2015 年《全面改善贫困地区义务教育薄弱学校基本办学条件工作专项督导办法》出台,国务院教育督导委员会办公室对全面改善贫困地区义务教育薄弱学校基本办学条件工作进行专项督导。2017 年《教育部 财务部关于进一步加强全面改善贫困地区义务教育薄弱学校基本办学条件中期有关工作的通知》出台,提出"进一步完善工程规划、进一步加快实施进度、进一步强化资金落实、进一步加强质量管理、进一步加大公开力度、进一步加强督导检查"六项要求,以及"切实加强确需保留的农村小规模学校和寄宿制学校建设,着力改善学生住宿条件,妥善解决县镇学校大班额问题,加快缩小城乡、区域教育差距,促进基本公共教育服务均等化"等具体任务。

实施"全面改薄"项目,为农村义务教育发展提供了充足的教育经费支持、配备了齐全的基础设施及配套设备,不仅完成了既定的政策目标,而且与中西部校舍改造、农村寄宿制学校建设、营养改善计划、城乡义务教育经费保障机制、农村教师特岗计划等系列工程形成协同效应,极大地改善了贫困地区学校的办学条件。第一,补充了教育经费,缓解了办学经费不足的问题。2017 年,中央财政下达各省薄弱学校改造补助资金 358 亿元,比 2016 年增加 20 亿元,在财政支出压力较大的情况下连续 4 年实现增长。新增的资金重点用来支持集中连片特困县、国家扶贫开发重点县等深度贫困地区。第二,薄弱学校教学、生活条件得到明显改善。截至 2018 年,全国新建、改扩建校舍 1.86 亿平方米,采购了 909 亿元的设施设备,分别完成 5 年规划任务的 90% 和 88%,双双超过年初预定的"超七成"工作目标,提前一年实现 2018 年"过九成"工作目标。其中,全国 840 个贫困县的 10.9 万所义务教育学校"底线要求"分项达标率均为 94% 以上。第三,教学点的教学条件得到保障,教学点的建设得到长足发展。截至 2018 年,全国共投入 260 亿元建设教学点校园校舍 1300 多万平方米,投入 45

亿元购置设备设施。第四，以教师队伍建设和信息化为抓手，加快优质教育资源向薄弱学校倾斜，切实提高教学质量。2018 年，每百名中小学生拥有计算机数量由 2012 年的 8 台增加为 13 台，全国大部分农村学校里的孩子能通过网络了解外面的世界，享受互联网教育带来的红利。①

4. 完善义务教育质量评价体系

城乡义务教育均衡发展主要是指城镇和乡村义务教育发展软硬件条件大体相当，差异系数控制在合理范围且乡村义务教育软硬件条件达到规定的标准。事实上，除了软硬件配置达标，义务教育质量的达标、城乡义务教育质量趋同是义务教育城乡均衡发展的更高层要求。

2021 年教育部、中央组织部、中央编办、国家发展改革委、财政部、人力资源社会保障部等六个部门联合印发了《义务教育质量评价指南》。这一指南的出台标志着义务教育质量评价体系的完善有了实质性的发展，并在某种意义上构建了义务教育质量评价体系的基本框架，为城乡教育均衡发展指出了新的方向和标准。《义务教育质量评价指南》的出台是为了深入贯彻中共中央、国务院印发的《关于深化教育教学改革全面提高义务教育质量的意见》《深化新时代教育评价改革总体方案》的精神，是进一步推动义务教育均衡发展的重要举措。

《义务教育质量评价指南》出台的现实依据是单纯以升学率和分数评价学校和学生的倾向还没有得到根本扭转，义务教育质量评价的科学框架尚未建立。应试教育指挥棒对学校、家长的影响仍较为严重，相关部门对学校办学质量、育人成效、治理能力的评价还不够科学。“不让孩子输在起跑线上”越来越被商业化利用，升学的竞争逐渐低龄化，由于义务教育质量评价缺乏科学统一

① 王家源. 精准发力 补齐均衡“短板”：教育系统攻坚克难“全面改薄”述评[EB/OL]. (2018-03-19)[2021-04-29]. http://www.moe.gov.cn/jyb_xwfb/xw_zt/moe_357/jyzt_2018n/2018_zt05/zt1805_brgz/201803/t20180319_330474.html.

的标准，出现了社会公众以升入“好”初中的比例、中考成绩等判断义务教育质量的现象。在错误的评价标准下，学校的育人导向就会出现偏差，以智育为主的学科成绩评价、纸笔考试评价方式就会占据主导地位，乡村中小学就可能会遭遇生源流失的问题，城市学校优于乡村学校的思想认识可能会更加深化，进而影响城乡教育均衡发展。明确义务教育质量评价的若干指标是新时代教育事业发展的需要，是素质教育在城乡深入发展的必然要求。在乡村振兴战略下，我国乡村义务教育已经迈入全面提高质量的新阶段，迫切需要完善义务教育质量评价体系，树立科学的发展观，坚守正确的育人方向，构建合理的育人体系，为培养德智体美劳全面发展的社会主义建设者和接班人提供有力支撑。

《义务教育质量评价指南》从评价内容、评价方式、评价实施、评价结果运用、组织保障等方面明确了义务教育质量评价的指标体系。义务教育质量评价包括县域、学校、学生三个层面，三者以促进学生全面发展为目标，各有侧重、相互衔接、内在统一，构成完整的义务教育质量评价体系。县域义务教育质量评价围绕价值导向、组织领导、教学条件、教师队伍、均衡发展等 5 个方面提出了 12 项关键指标，旨在促进地方党委政府加强对义务教育工作的领导，履行举办义务教育职责，促进县域义务教育优质均衡发展。针对评价中的问题细化了考查要点，如针对唯分数、唯升学的倾向，提出“不给学校下达升学指标，不单纯以升学率评价学校、校长和教师”的考查要点；针对教师负担重问题，提出“严格控制面向学校的各类审批、检查验收、创建评比等活动，规范各类‘进校园’活动，减轻校长、教师非教育教学任务负担”的考查要点。①

① 教育部：县域义务教育质量评价设 12 项关键指标[EB/OL]. (2021－03－18)[2021－04－29]. http://www.moe.gov.cn/fbh/live/2021/53013/mtbd/202103/t20210319_521035.html.

(二)推动边境地区义务教育城乡均衡发展的地方政策创新

从全国范围来看,截至2020年底,有22个省份制定了省级优质均衡发展推进规划,有20个省份确定了试点县,全面形成稳步推进的良好态势。边境9省区也积极开展了义务教育城乡均衡发展的地方行动。从其地方性的政策规划来看,边境省区对本区域的教育发展规划及出台的教育政策,更加立足边境地区实际情况,针对边境地区教育实践中的具体问题进行政策创新,提出一些地方性措施。如云南省的边境地区“三免费”教育、边境县小学标准化建设、着力建设“国门学校”等;广西壮族自治区的边境基础设施建设等;内蒙古自治区的边境地区校舍安全工程、现代教学设备配备工程等;辽宁省的丹东边境地区学校教育基础设施和教学设备改造等。这些地方性政策创新加快了边境乡村地区中小学的建设,加快了城乡教育均衡发展的进程。

1.制定省域内义务教育均衡发展的教育政策规划

城乡教育均衡发展关键在于乡村教育的振兴与发展,但乡村教育的振兴与发展在很大程度上取决于更大范围内人力、财力、物力的统筹与协调。调配人力、物力等各种资源,需要发挥教育政策规划的作用,在省域范围内做好制度设计,为本省域城乡教育均衡发展做好制度保障。如辽宁省出台《关于新时代基础教育高质量发展的实施意见》《关于统筹推进县域内城乡义务教育一体化改革发展的实施意见》等一系列政策文件,加强组织领导,健全工作机制,着力办好更加公平、更为优质的义务教育。

云南省制定了《云南省贫困退出机制实施方案》等系列文件,将通过国家县域义务教育均衡发展评估认定作为贫困县退出的五项考核指标之一,明确提出义务教育均衡发展与脱贫摘帽“同步规划、同步实施、同步考核”;不断完善过程督导机制，强化问题导向、以评促建，建立了义务教育均衡发展激励和问责机制，并给予每县一定数量的物质奖励。新疆维吾尔自治区在义务教育均衡督导中坚持“三轮督导”（过程性督导、预检督导、评估验收督导）和“全覆盖＋重复查”（督导范围覆盖所有学校，对存在突出问题的强化督查），精准定位问题。甘肃省自2013年以来，投入专项经费对通过国家义务教育均衡发展评估认定的县发放一定数量的物质奖励。

2. 地方财政对义务教育经费保障的制度安排

地方财政对义务教育经费保障的制度设计以发挥省级统筹作用、增加省级财政投入为主要措施。由于边境乡村地区县级财政自给率较低，难以保证充足的教育经费投入，因此由省级统筹就会减轻县级财政的压力，为乡村教育正常运转提供有力的经费保障。如云南省资金投入实行中央、省、州、县四级分担机制，中央与地方按5∶5分担，又根据各地财政情况，将16个州和3个财政直管县分为4档，88个贫困县的资金由省、州分担，充分发挥了中央和省级资金的杠杆作用。“全面改薄”项目资金优先用于乡村寄宿制学校建设，将寄宿制学校建设用地纳入教育用地管理范围，实行储备管理。

在省级增强统一调配的同时，加大地方政府财政投入是另一重要的地方性制度安排。一些边境地区由地方财政支持开展了免费教育年限延长的尝试，如吉林省延边朝鲜族自治州珲春市实施15年免费教育（学前三年、小学、初中、高中全覆盖），教育经费由县财政承担。云南省共有2个州（市）、6个边境县全面实施了14年免费教育（学前2年、义务教育9年、普通高中3年）。怒江傈僳族自治州14年免费教育经费支出由省级财政负担；临沧市免费教育经费支出由市、县财政共同承担，按市县分级承担原则，学籍在市里的由市级财政承担，学籍在县里的由县级财政承担。延长免费教育年限政策对于减轻家庭负担、避免贫困性因素辍学非常有效。同时，对于全面提高人均受教育年限具有积极的促进作用，为中小学维护正常办学秩序、有序深化教育教学改革提供了前提条件，是展现教育精准扶贫效能、推动教育均衡发展的有益尝试。

[案例链接]

免费教育政策杜绝因贫辍学，义务教育一个都不能少

“如果没有14年免费教育政策，我就不可能继续上学，走向外面的世界。”这是在调研中一位普通的学生向笔者讲述的故事。小李读高二时父亲不幸离世，家庭困难，面临辍学，是怒江傈僳族自治州的14年免费教育惠民政策让他圆了上学梦。

小李所说的14年免费教育政策是怒江傈僳族自治州于2016年秋季学期正式实施的，实行学前2年、义务教育9年、高中3年的14年免费教育。14年免费教育的实施，极大地减轻了怒江傈僳族自治州学生家庭的经济负担。像小李这样因享受到贫困生资助政策而圆了上学梦的学生在怒江傈僳族自治州不计其数。14年免费教育、教师队伍建设等一系列教育惠民政策措施相继出台，极大地支持了怒江傈僳族自治州教育事业的发展。从以粉笔、黑板为主的传统教学手段，到逐渐使用电脑、电子白板、投影仪，再到网络教学，怒江傈僳族自治州的教育事业逐步走向信息化、现代化。怒江傈僳族自治州不断努力破解教育发展瓶颈，逐步补齐教育发展短板，全州教育事业取得了长足发展，全州义务教育迈向优质均衡发展的新征程。

地方政府多种渠道筹措资金，安排专项经费用于农村学校改造。如广西壮族自治区凭祥市统筹乡村中小学校舍维修改造长效机制项目资金、农村税费改革专项转移支付资金用于中小学校校舍维修。每年按照国家规定的本级财政划拨比例足额划拨教育经费，并从中安排部分资金用于校舍维修。2006年以来，凭祥市义务教育阶段学校先后实施了边境地区专项转移支付项目工程、革命老区专项转移支付项目工程、农村中小学校舍维修改造工程、中西部农村初中校舍改造工程、改善边境地区农村义务教育阶段寄宿制学校附属设施建设工程、新农村卫生新校园建设工程、教师安居工程等。新疆维吾尔自治区建立健全义务教育均衡发展经费保障机制,依法做到教育经费的“三个增长”,落实农村税费改革转移支付资金用于农村教育的政策,确保教育费附加和地方教育费附加及时、足额征收并拨付到位,安排专项经费扶持贫困地区和薄弱学校。逐步提高农村义务教育生均公用经费和免费教科书补助标准。合理调整教育结构和中小学布局,努力满足乡村集中办学后学生寄宿的要求,逐步扩大学生寄宿规模,切实加强薄弱学校建设。

3. 控辍保学政策的细化与本土制度尝试

随着义务教育“两免一补”政策的实施,因贫困而辍学的现象已经逐渐消除,但非贫困因素辍学在边境乡村地区有所反弹。边境地区控辍保学工作仍不能松懈。针对新情况和新问题,不少边境县出台了很多地方政策,以实现辍学清零、巩固率稳步保持的目标。地方政府控辍保学教育政策的细化与创新具有针对性强、操作性强的特点,对具体工作开展具有较强的指导性。

第一,加强制度规范,建立控辍保学常态化机制。有据可依是边境乡村地区控辍保学工作开展的前提。边境乡村地区辍学情况较为复杂,缺乏刚性的制度规范就无法通过强有力的手段解决现实难题。制度建设是边境乡村地区实现辍学清零目标的第一步。例如,新疆维吾尔自治区下发了《关于自治区“两基”巩固提高工作的意见》,针对巩固提高“两基”成果,完善控辍保学工作机制,巩固教育完成率指标提出了一系列措施:建立和完善了“两基”年报制度,跟踪督查对国检组提出的问题的整改进程;不断完善基础教育“以县为主”管理体制,各县(市、区)普遍建立了“入学通知书制度”“学生流失逐级报告制度”“制止学生辍学处罚办法”等,逐步建立健全了“普九”双线目标责任管理制度,有效地推动了“普九”规划的顺利实施,确保了义务教育阶段适龄儿童按时入学率、巩固率达到规定标准,促进了“普九”工作的健康发展。云南省文山壮族苗族自治州马关县加强控辍保学常态化机制建设，明确责任主体，落实工作责任，完善管理制度，建立控辍保学工作长效机制，实行“双线三包责任制”，明确县、乡、村及各部门工作职责，形成齐抓共管的工作局面；加大扶贫控辍的力度，全县对符合条件的学生实行“两免一补”，保证全县没有因家庭经济原因而辍学的学生。

第二，建立责任制，将控辍保学责任落实到人，并配合奖惩机制。责任到人与奖惩联动是推动控辍保学工作高效运行的有效手段，可以避免互相推诿、干好干坏一个样的现象，调动起每个人的责任感和积极性，确保各项工作落实到位。如云南省红河哈尼族彝族自治州建立了县处级干部包乡镇、乡镇领导包村、村组干部包户和教体局包全县中小学、校长包校、教师包学生的“双线四级六包”责任制；按照“乡不漏村、村不漏户、户不漏人、校不漏生”的要求，集中组织力量入户开展“四查三比对”精准筛查。文山壮族苗族自治州马关县将学校作为控辍保学的最小单位，细化目标考核，把各学校的巩固率作为对各学校考核的重要内容。

第三，针对辍学的主观因素，从学校教育教学改革入手，增强学校教育的吸引力与教育成效，从根本上消除由主观意愿导致的辍学。家长对教育不重视、学生厌学将学习当成负担等是边境乡村地区学生辍学的主要原因之一。从根本上消除辍学，有效解决“人在心不在”的问题，就要解决主观就读意愿不足的问题。边境乡村教育应努力让学校成为学生喜欢去的地方，提高学生的学习积极性。这就要坚持系统性思维，将教育教学改革深化推行下去，提升边境乡村地区办学质量。如云南省文山苗族壮族自治州马关县出台了《关于进一步深化教育综合改革促进城乡教育均衡发展的若干意见》，以提升学校教育质量为主要任务：从增强学校的吸引力上下功夫，提升教师的教学能力；从改革课堂教学模式入手，激发学生的学习兴趣；以新课程改革为契机，加强综合实践活动课的教学，努力研究和探索师生互动、合作探究式的课堂教学方式；提升教师的育人能力，要求教师关心关爱学习成绩较差的学生，建立学习成绩较差的学生的跟踪档案，在教育教学中充分挖掘学习成绩较差的学生的闪光点，帮助他们树立在校学习的自信心；提升学校的管理、服务、保障能力，要求学校认真落实农村义务教育经费保障机制和农村义务教育营养改善计划，办好学校食堂，为控辍保学提供后勤保障。

4. 学校布局调整的制度创新

边境地区中小学布局调整面临着较为复杂的形势。边境乡村地区普遍存在学生居住分散的现实情况，如果办学点过分集中就会造成学生上学路途遥远而增加家长负担，进而引发辍学；但是，教学点、村小在方便适龄儿童就学的同时又存在办学质量低的问题。相对集中办学点、提高教育资源利用率、满足边境乡村适龄儿童就学需求是学校调整的基本思路。边境地区根据地方实际，通过学校布局调整规划，尽量提升乡村小学及教学点的教育质量，使边境线沿边教学点进一步巩固加强，沿边初中向中心城镇集中，既方便群众又符合边境地区实际，初步解决了稳定边疆、就近入学和学生享受优质教育资源的问题。如广西壮族自治区充分整合教育资源，在学校布局调整中坚持“四个集中”（有条件的地区逐步实施高中向城市或县城集中，初中向城镇集中，小学向乡镇集中，教学点向行政村集中），努力构建以自治区合格小学、初中、寄宿制学校为中心，辐射管理周边小学或教学点管理模式，实现学校布局合理、教育集中投入、教师资源集约，并以此推动素质教育的全面实施。凭祥市从 2011 年起先后进行了两轮义务教育学校布局调整专项规划（第一轮是 2011—2013 年，第二轮是 2013—2020 年）。义务教育学校布局调整针对学校布点分散、规模小、办学效益不高，学校硬件建设标准亟待提高，教师队伍素质不强，办学水平不高等现实问题，科学预测 2020 年全县小学、初中在校生规模，通过扩建、改建、完善、新建、迁建、裁并等方式，逐渐调整学校布局，通过推进学校布局调整综合改革，有效降低教育成本、提高学校办学效益。凭祥市颁布的《义务教育学校布局调整专项规划》指出学校布局调整应坚持“合理集中”“方便群众”“先建设完善,后撤并集中”“学校标准化建设”“先易后难,稳步推进”“全市统筹安排”“整体规划,分步实施”等原则,建立了市政府主体责任机制、学校调整项目标准化验收机制、镇村行政区域入学机制等新制度。

裁撤不必要的教学点,适当保留必需的教学点,并加大乡村寄宿制学校的建设,是边境乡村地区学校布局调整的途径之一。如辽宁省开展乡村中小学布局调整工作,建设乡村九年一贯制寄宿学校 940 所,基本实现了一乡(镇)一校的建设目标,同时撤并 5601 所(个)布局不合理的中小学(教学点),整合了教育资源,促进了城乡义务教育均衡发展的进程。黑龙江省漠河县通过撤并、改扩建方式,采取“三先三后”(先试点,后撤并;先整合,后集中;先调整,后完善)、分步实施的办法,将原有的 24 所义务教育学校整合为 6 所九年一贯制学校、9 所小学和 1 所初中,形成了“乡村学校向中心镇集中”的新格局。

5. 创新集团化办学模式改革,拉动薄弱学校提升办学质量

“结对子”是传统的提升薄弱学校办学质量的方式,集团化办学模式本质上就是“结对子”。集团化办学模式有利于发挥优质学校的资源优势,强校带弱校,促进薄弱学校快速发展,实现优质学校与薄弱学校的结对共同发展。如辽宁省按照“优质带动、优势互补、逐步覆盖、共同发展”的工作思路,积极稳妥推进集团化办学模式改革,引导各地结合实际大胆探索,强化政策保障,注重统筹推进,不断提高覆盖面。截至 2020 年,辽宁省义务教育阶段成立教育集团(联盟)485 个,成员学校 1958 所,集团(联盟)成员学校数量占义务教育阶段学段的 43.6%。[①]

① 辽宁省积极推动集团化办学模式改革 促进义务教育优质均衡发展:“贯彻落实全国基础教育工作会议精神”系列之四[EB/OL].(2021-03-15)[2021-04-30].http://www.moe.gov.cn/jyb_sjzl/s3165/202103/t20210315_519740.html.

集团化办学模式的创新首先是组织形式的创新，通过组建发展联盟、教育集团等多种方式，构建区域学校发展联合体、共同体。在组织形式上，主要有“实体＋联盟”以及“网校＋联盟”，即以互联网的形式，加强优势校对薄弱校的指导，结成共同体。组合类型上，主要有“城区学校＋乡村学校”“优质学校＋薄弱学校”“名校＋新校”等多种组合形式。集团化办学的核心是优化学校发展模式，通过管理重构、资源重组、体制创新、师资统筹调配、课程教学衔接，实现优质教育资源的拓展和增值，充分发挥优质教育资源的带动辐射作用。城区优质学校可以将现成的成熟经验直接运用于乡村薄弱学校，并根据乡村薄弱学校实际情况，进一步改善、优化学校管理制度、用人机制、奖惩机制等，营造正面向上的校风学风，培育特色课程集群促融合发展，最大限度满足学生对优质教育资源的渴求，使区域内优质教育资源全覆盖。

集团化办学模式最为常见的管理模式是“两校一长”，结对的学校由优质校校长统一管理，采取统一的管理模式。这是将成熟治校模式嫁接的最简单方式，会缩短薄弱学校办学理念创新、学校管理体制改革的时间，加快城乡教育均衡发展的进程。云南省德宏傣族景颇族自治州实施学校联盟办学体制改革，以“两校一长”为核心、以“生源公平”为基础、以“师资公平”为保障，实行同城两所同类学校联盟办学体制改革，通过“两校一长、一套班子统一管理”，促进管理均衡，通过“统一招生、分区教学”推动生源基本均衡，通过深化教师定期交流轮岗制度，推动师资配置均衡。

6. 推进“互联网＋教育”促融合发展

“互联网＋教育”是在信息化社会不断推进的过程中，互联网技术在科学技术革命中异军突起，并逐渐被运用到教育领域，形成的一种新的教育形式。互联网在教育领域中的应用，可放大互联网技术的优势，如传播速度快范围广、不受时空局限、可重复回放等。将互联网技术引入教育领域，有助于扩大优质教育资源的覆盖面，使优质教育资源打破时空界限，直接呈现在边境乡村适龄儿童面前。边境地区将在教育领域推广互联网技术作为促进城乡义务教育均衡发展的重要方法，采取加大投入、连接互联网、配齐多媒体设施、开发数字资源平台、组织互动课堂等多种方式，帮助乡村中小学在互联网技术的辅助下，补齐短板，共享优质教学资源，提升教育教学质量。

推动"互联网+教育"发展，基础设施建设是第一步。黑龙江省塔河县为了加快教育信息化进程，累计投入经费3.3亿元推动义务教育均衡发展，其中，教育技术装备资金6865万元，教育信息化基础设施建设资金1100万元。塔河县全县所有学校装备了微机室、电子备课室、电子阅览室、校园广播系统、校园视频监控系统和各具特色的网站，每个班级配备了多媒体教学设备，接入百兆光纤。全县学校共有电脑1400台，生机比达到6:1，做到了"班班通、堂堂用"。广西壮族自治区东兴市积极推进乡镇和乡村学校信息化建设，促进学校教育管理和教学手段的现代化，乡镇学校实现互联网全覆盖，并配置交互式电子白板"班班通"设备及多媒体教室。

数字教育资源是互联网技术的内容载体，互联网技术必须依托高质量的数字化教育资源才能被有效利用。互联网是教的方式，数字教育资源是教的内容。吉林省延边朝鲜族自治州2018年启动了具有本地特色的"延边州教育资源公共服务平台"，能够与国家、本省教育资源公共服务平台无缝对接、互联互通、资源共享，面向全州师生提供智慧教学、智慧学习、智慧研训、智慧评价、智慧管理等基本应用服务。

接入设备后，会用、用好是利用互联网技术手段促进优质教育资源共享的关键环节。黑龙江省塔河县通过常规课网络直播、资源平台建设，实现了校际师生课堂实时互动、教研员网上及时点评、全体师生共享教育资源、家长与学生在线观看教学。通过互联网，山区和林区的学生与城市学生一样，也能看到名师教学，共享优质教育资源。目前，塔河县已基本实现备课信息化、课堂教学开放化、教研培训网络化、学籍管理电子化。县进修学校充分开展网上培训和网上教研活动,有效提高了教师培训和教研效果。广西壮族自治区东兴市积极探索边境乡镇小学"一校带多点、一校带多校"的"互联网+"一体化教学模式改革。利用同步互动课堂设备和网络平台,中心校教师在直播主教室主讲,教学点教师在辅教室助教,实施远程同步互动教学。教学点的学生可以享有相对优质的教育资源,其他没有互动课堂教学点的师生可通过登录云服务平台来观看课堂实录。

第三章

边境地区义务教育发展现状

乡村教育健康快速发展是教育公平的必然要求，也是党和国家始终关注的重点问题。虽然长期以来，受制于相对恶劣的自然条件、纷繁复杂的历史文化因素等主客观原因，边境乡村地区义务教育发展处于相对薄弱的状态，但经过努力，现已基本实现了城乡教育均衡发展，取得了喜人的阶段性胜利。在教育均衡发展的历程中，边境乡村地区义务教育逐步实现了“有学上”的教育机会均衡，以及“上好学”的教育过程初步均衡，基本办学条件得到明显改善、教育信息化水平大幅提升、教师队伍素养不断提高、国家通用语言文字教育水平不断提高、教育文化交流健康发展，学校已经成为学生学习、生活、成长的乐园。站在教育城乡均衡基本实现的新的历史起点上，边境乡村地区又迎来了乡村振兴战略的重要历史机遇期。纵向相比，边境乡村地区义务教育面貌焕然一新，以越来越快的速度不断前进；横向相比，边境乡村地区义务教育与其他地区的差距逐渐缩小，正在全国范围内取得里程碑式的成绩。需要注意的是，边境乡村地区义务教育在消灭城乡二元结构的同时，相对薄弱的问题仍然存在，仍需抓住关键问题，精准发力，实现由基本均衡向优质均衡的迈进。唯有如此，教育才有可能充分发挥服务乡村振兴战略实施的基础性作用。

随着国家义务教育基本均衡发展督导评估验收的推进,我国县域义务教育均衡发展水平大幅提高,城乡均衡发展基本实现。根据国务院教育督导办公室发布的报告,截至2020年年底,全国累计已有26个省份、2809个县实现县域义务教育基本均衡发展,县数占比96.8%,其中中西部县数占比95.3%,如期实现了国务院提出的“到2020年全国和中西部地区实现基本均衡的县(市、区)比例均达到95%”的目标。同时,全国还有6个省份94个县未通过国家认定。① 未通过国家认定的县主要分布在贫困地区与边远地区,普遍基础差、保障弱,是难啃的“硬骨头”。② 截至2021年1月,136个边境县中仍有15个边境县尚未完成国家义务教育基本均衡发展督导评估验收,总体来看,边境地区基本实现义务教育城乡均衡发展,而且纵向相比,边境地区义务教育发展水平大幅提升,城乡差距进一步缩小,迎来了义务教育城乡均衡发展基本实现的良好局面。

一、基本办学条件明显改善

基本办学条件是义务教育阶段中小学保障适龄儿童受教育权的基础。随着国家义务教育基本均衡发展督导评估验收的推进,边境地区义务教育学校基本实现了校舍建设达标、配套设施完善、教学设备配置齐全、食宿条件明显改善、校园环境优美、教育质量明显提升的目标,校舍不安全因素基本消除,大班额现象也在很大程度上得以改善。

① 均衡督导持续发力 义教保障水平更高[EB/OL].(2021-04-27)[2021-04-27].http://www.gov.cn/xinwen/2021-04/27/content_5602984.htm.

② 田祖荫.完善督导机制“长牙齿” 助力均衡发展上台阶[EB/OL].(2020-05-19)[2021-04-12].http://www.moe.gov.cn/fbh/live/2020/51997/sfcl/202005/t20200519_456065.html.

(一)加大基础薄弱学校建设力度

基本办学条件改善要以加大教育投入为前提,只有教育投入到位,才能保障中小学基础设施及配套设施的建设与完善。在全国农村义务教育基本办学条件改善的过程中,边境地区薄弱学校改造取得了巨大的成绩。长久以来,边境地区薄弱学校由于缺乏足够的经费,办学条件处于相对较差的状态,在城乡均衡发展的推进过程中,薄弱学校基本办学条件得到有效改善。例如,2014—2018 年云南省怒江傈僳族自治州“全面改薄”规划涉及 193 所学校,375 个项目。规划投入资金共计 54 000 万元,其中中央资金 26 999 万元,省级资金 18 900 万元,州级资金 1602 万元,县(市)级资金 6499 万元。规划建设校舍面积 20.99 万平方米,规划资金 42 722 万元;规划建设运动场地面积 14.23 万平方米,规划资金 3942 万元;规划设施设备购置资金 7336 万元。截至 2019 年底,全州共下达“全面改薄”资金 54 054.61 万元(含各级统筹资金),其中中央资金 25 300.68 万元,省级资金 19 875 万元,州级资金 1279.31 万元,县级资金 7599.62 万元。校舍竣工面积 22.19 万平方米,完成总规划任务的 105.7%;运动场竣工面积 14.66 万平方米,完成总规任务的 103%。设施设备购置完成总规划任务的 100%。2014—2018 年,“全面改薄”工程规划总投资 5.4 亿元,是怒江傈僳族自治州历史上投入最大的单项教育专项工程。“全面改薄”的实施有力地推进了全州义务教育均衡发展和教育扶贫工作。2017 年贡山独龙族怒族自治县,2018 年泸水市、福贡县,2019 年兰坪县先后通过义务教育发展基本均衡国家评估验收。全州中小学办学条件明显改善,义务教育发展水平和保障能力大幅度提升,全州 194 所学校全部到达“20 条底线”办学标准,适龄儿童少年接受教育的权利得到根本保障，“全面改薄”推进了教育扶贫工作，成效显著。[①] 黑龙江省漠河县累计投入 4200 万元用于薄弱学校改造，占教育总投入的 47%。其中校舍改造投入 3600 万元，新增面积 1.1 万平方米；教学设施设备配置投入 600 万元，小学、初中生均图书册数、教学仪器设备值均高于全省平均水平。[②]

（二）实施多项教育惠民工程

近年来，国家层面和地方层面均实施了系列教育专项工程，高度重视改善贫困地区、民族地区和边境地区乡村义务教育阶段学校的软硬件建设，惠及乡村地区适龄儿童。2006 年以来，广西壮族自治区先后实施了中西部地区农村寄宿制学校建设工程、边境国门学校建设工程、桂西五县基础设施建设大会战教育项目、中西部农村初中校舍改造工程、中小学校舍安全工程、特殊教育学校建设工程、农村义务教育学校课桌椅更新工程、中西部贫困地区农村教师周转宿舍试点项目等针对基础教育发展的专项工程。这些教育专项工程都无一例外地向边境乡村地区倾斜。2016 年以来，西藏自治区林芝市根据就学实际，改造、新建、改扩建寄宿制学校共 48 个，经过调整，乡村小规模学校大多数被撤并，保留下来的察隅县木宗小学进行了维修改造，办学条件大幅改善。2016 年以来林芝市改薄项目共 94 个，为中小学充实图书 4 万多册，书架 40 多套，上下铁床 3400 多张，食堂餐桌凳 1300 多套，课桌凳 7600 多套，音体美设备 30 多套，中小学科学和理化实验设备 18 套，使边境乡地区中小学教育教学条件得到明显改善。

---

① 怒江州义务教育“全面改薄”工程[EB/OL].（2020－12－14）[2021－04－12]. https://www.nujiang.gov.cn/xxgk/015279331/info/2020－153041.html.

② 本书关于边境地区义务教育发展现状的相关数据如无特别说明，均是通过实地调研取得，全书同。

二、教育信息化水平大幅提升

教育信息化不仅是教育现代化的必要条件，而且是实现优质教育资源共享的有效手段。在教育信息化的推动下，乡村地区可以通过线上直播课堂等方式同步享受城市优质教育资源，加快城乡均衡发展的步伐。近年来，边境乡村地区教育信息化水平有了大幅提升，从原先的硬件设施配置不全逐渐转变为配置齐全且教师信息化素养不断提高。教育信息化正在成为边境乡村地区扩大优质教育资源覆盖面的有效手段。

（一）基础设施设备已基本健全

边境乡村地区中小学信息化基础条件得到较大改善，边境学校"三通工程"建设正在加速推进。如广西壮族自治区东兴市、凭祥市的所有中小学均实现了宽带接入率100%。云南省瑞丽市的"农远工程"（农村中小学现代远程教育工程，简称"农远工程"）设备已于2007年2月初全部安装完毕，由地方财政拨出专款34万用于"农远工程"建设，共定制学生电脑桌337套、多媒体桌198套、电视柜60个、资料柜20个，并自筹24.96万元用于"农远工程"房屋改善和辅助设施的建设，全市用于"农远工程"的专用教室总面积1560平方米。西藏自治区实施教育信息化珠峰旗云计划，中小学"互联网+"教育实现全覆盖，确保边境学校实现"优质资源班班通"，积极推进边境学校"网络学习空间人人通"，38.9%的义务教育学校实现智慧教育覆盖。截至2019年3月，新疆维吾尔自治区全区中小学（含教学点）互联网接入率达91.4%，接入互联网的学校中，带宽10M以上的学校比例超过90%，全区中小学无线网络覆盖率达32%，呈现逐年递增的趋势。全区中小学多媒体教室普及率达90%，计算机教室建设率达83%，智能设备在部分地区和学校开始试点应用。新疆维吾尔自治区从2002年至2007年，先后实施了“教育部和李嘉诚基金会西部中小学现代远程教育扶贫示范工程”“现代远程教育工程试点示范项目”“农村中小学现代远程教育工程”等9个工程项目。由此实现了全区6000多所农村中小学具备远程教育“三种模式”，占全区农村中小学总数的94%以上。“三种模式”中教学光盘播放点2101个、卫星教学收视点4785个、计算机教室1268个，基本形成了“校校有模式一、村村有模式二、乡乡有模式三”的喜人局面。同时，党中央、国务院高度重视新疆中小学远程教育工作，在新疆维吾尔自治区成立50周年之际，中央代表团赠与新疆中小学计算机教室380个，计算机20 140台，价值1.01亿元。各个工程和项目的实施，使得边境乡村地区中小学远程教育基础条件得到明显改善。

（二）教育信息化应用不断推广，功能不断拓展

多媒体等教学形式为教育教学提供了一种生动直观的教学方式。边境地区加大远程教育资源建设，以光盘、网络、多媒体等形式为载体，以线上资源为内容，直接用于课堂教学。正是各种信息化手段的应用，大幅提高了城乡教育资源共享的速度。如西藏自治区加快教育资源公共服务平台建设，逐步探索区内优质课堂共享。新疆维吾尔自治区加快远程教育资源建设，优质教学资源日益丰富，配发国家通用语言文字教学光盘220万张，受益师生近200万人。此外，推进“一师一优课、一课一名师”、教师教育信息化大赛、学生电脑制作比赛、创客教育等各类应用促进活动，推广基于“专递课堂”的“以优扶弱、以城带乡”的城乡一体化教育帮扶，探索利用信息技术手段提高国家通用语言文字教学质量的有效模式，逐步实现信息技术与教育教学的深度融合。

教育信息化在服务学生、促进优质教育资源共享的同时，也为教师培训打开了一扇窗。借助日益成熟的远程培训条件，远程师资培训模式被边境乡村地区越来越多地应用推广。远程师资培训降低了教师培训成本，提高了培训效率，扩大了培训覆盖面，使更多乡村教师可以获得有针对性的培训机会。例如，新疆维吾尔自治区从2003年开始，利用新疆广播电视大学直播课堂视频系统进行新课程师资培训；利用新疆教育电视台卫星频道开播"汉语强化培训教程"；利用中国电信新疆公司教育网络平台组织各种教师培训活动，使远程直播课堂覆盖边远贫困乡（镇），受到基层教师欢迎。2007年以来，新疆维吾尔自治区远程师资培训取得新的突破，利用新疆中小学远程教育网组织开展了一系列立体化、多层次的教师远程培训活动，以"项目驱动"方式、运用"集中加远程"的培训模式，扩大了全区教师培训的覆盖面，每年保持培训教师90 000人次以上，其中远程培训72 000余人次，形成了教师培训历史性跨越。新疆各地（州、市）充分利用新疆远程教育网视频直播的功能，进行学术讲座、会议直播、课堂教学直播、各类比赛、亲情传递等活动，扩展了视频直播的内涵，延伸了远程教育的触角，对进一步推动新疆远程教育网的建设起到了积极促进作用。

（三）教师信息化素养不断提升

有了设备不会用，是长期以来制约边境乡村地区教育信息化普及的重要原因。近年来，边境乡村地区中小学多媒体等信息化设备配置较为齐全，有的学校在政策支持下，配置了互动式黑板等先进设备，但多媒体设备配置好了锁起来、年龄较大的教师不会用等现象导致现代化教育信息手段应用率较低。鉴于此，边境地区开展了一系列致力于提高教师信息化素养的培训活动，通过多种方式传授教育信息化理念、多媒体设备应用知识、数字资源开发技术等内容，教师教育信息化素养得到了大幅提升，从而有力保障了中小学开齐开足信息技术课程所需的师资,并提高了信息技术课程的质量,提升了教师信息化应用水平和信息素养。如云南省瑞丽市启动“农远工程”以来,全市参加培训的教师近300人。2008年以来,新疆维吾尔自治区在自治区财政专项经费支持下,实施教师信息技术应用能力提升工程、乡村教师信息化应用能力提升培训等,通过现场教学、网络培训等方式,组织实施“新疆中小学教师教育技术能力培训计划”,目前已组织11 261名教师参训,9085名教师获得国家级培训合格证书,合格率达85.82%。

三、教师队伍素养持续提高

边境地区义务教育城乡二元结构的形成与长期以来乡村师资队伍薄弱有密切关系。教师数量不足、结构不合理、教学胜任力不足是长期以来边境乡村地区中小学客观存在的问题。师资问题成为边境乡村地区教育质量提高的瓶颈。为了解决上述问题,边境乡村地区通过补充师资优化师资结构、加大教师教育教学能力培训力度、提高教师福利待遇等一系列政策方案与措施方法,不断强化教师队伍建设,在一定程度上缓解了边境乡村地区师资问题,教师队伍学历层次稳步上升,政治素养、理论水平、教育教学实践能力等整体素质得到较大提升,骨干教师群体日益壮大。

黑龙江省大兴安岭地区统筹师资队伍,创新教师激励机制

黑龙江省大兴安岭地区建立了全区统一的教师补充、退出、培训培育机制。新进教师由用人单位提出计划,由地区把关,逢进必考。建立了校级干部和教师定期交流机制。三年来,地区每年安排百万元培训经费,构建了“远程培训+骨干班次+校本研修”的“研培一体”模式,全区校长、教师5年轮训一遍,促进了师资队伍专业化发展。建立了全区统筹、定期交流的用人机制,每年进行教学能力测试，选出教学能力强的教师站讲台、管理能力强的教师管宿舍，富余人员妥善分流，提高了教育活力。建立了城乡统一的教师待遇激励机制，为骨干教师每月发放40～100元津贴，将班主任津贴提高到每月150～300元，地委、行署每年召开表彰大会，表彰重奖优秀教师，最大限度地调动教师的工作积极性。①

（一）多渠道补充师资

边境乡村地区由于自然条件较为恶劣，生活条件较为艰苦，对教师职业吸引力与稳定性造成一定的影响。除了公开招聘之外，边境乡村地区是特岗教师、免费师范生政策的重点倾斜地区，并通过招聘、引进、定向培养、志愿者支持、对口支援等多种方式，补充了一定数量的师资，逐渐使边境乡村地区义务教育阶段大部分中小学生师生比达标。如新疆维吾尔自治区2010年启动年规模6000人的区内师范生免费教育计划，吸引更多优秀人才投身教育事业；2018年开始实施教育部“农村义务教育阶段教师特设岗位计划”，招聘义务教育阶段教师8500人，分布在乡镇农村中小学任教；实施“自治区学前和义务教育阶段教师特岗计划（2017—2020年）”，招聘中小学和幼儿园教师12 000人。深入推进对口支教和大学生实习支教计划，先后选派1.5万名学生赴农村学校实习支教，实习支教每年选派规模已达5000名。广西壮族自治区为提高乡村教育质量，启动招募退休教师志愿者支援乡村教育活动。2020—2021学年，广西壮族自治区计划充分利用退休教师优势资源，从区内外的优秀退休中小学教师中招募1412名支教志愿者。招聘对象要符合退休未满5年、具有中级及以上职称

① 教育部. 大兴安岭地区行政公署：坚持“一把手”工程 强力推进区域义务教育均衡发展[EB/OL]. (2011-07-29)[2022-04-17]. http://old.moe.gov.cn//publicfiles/business/htmlfiles/moe/s5203/201107/122753.html.

等条件；支教时间为2020—2021学年，原则上支教时间不少于1学年，鼓励优秀退休教师连续支教；每位支教志愿者可领取3万元/学年的生活补助；获得特级教师、自治区名师、名校长和“八桂名师”等教育教学名师荣誉的优秀退休教师支教志愿者，在上述补助标准的基础上每人每学年增加0.5万元，增加部分的经费由受援县（市、区）财政配套补助。志愿者教师主要服务教育基础薄弱地区的49个县，包括国家确定的连片特困地区县、连片特困地区以外的国家扶贫开发工作重点县、自治区级扶贫开发工作重点县、民族县、边境县和部分有扶贫开发任务的县。志愿者教师全部分配到乡镇及以下的基层乡村中小学校，县城所在地的乡镇及该乡镇下属乡村学校不安排志愿者教师。志愿者教师可以根据自己的专业特长开展以课堂教学为主的支教活动，同时也可以根据受援学校的教育教学需求听课评课，或开设公共课、研讨课、专题讲座等，指导青年教师，协助学校做好教学管理。黑龙江省绥芬河市还从根本上破解教师编制不足的问题，增加教师编制，满足教育教学的正常需求。

（二）加大教师职后培训力度

边境乡村地区中小学教师学历已经基本达标，尤其是近五年通过公开招聘、特岗计划、免费师范生等渠道新补充的教师，学历全部达标。如云南省文山壮族苗族自治州至2015年底，专任教师学历合格率普通高中达98.05%、初中达99.1%、小学达99.75%；瑞丽市的畹町小学距离城市约30公里，地处祖国西南边陲，从2012年开始实现了专任教师全部取得教师资格证，学历合格率100%。在学历达标的同时，边境乡村地区中小学教师所学非所教、教学胜任力不足等问题仍较为突出。职后培训则为提升教师教学能力提供了有效途径。

第一，教师培训计划向边境乡村地区中小学倾斜。教育部及边境地区各级教育行政部门加大教师培训活动组织力度，将教师培训与全面推进素质教育、依法治教、深化新课程改革、省市县“名师工程”等紧密结合起来，落实师德教育、新课程培训与以新知识、新技术为重点的教师继续教育培训。“国培计划”“区培计划”面向基层教师，优先安排边境乡村一线教师和学校管理人员参加培训，采取集中培训、远程培训等多种模式，大规模、高效率开展乡村教师培训，促进乡村教师专业化发展。边境省区教育厅加大教师培训投入，为教师提供学习进修、发展的平台，组织省内培训、省外访学培训、寒暑期全员教师培训等，专门针对教学实践中的难点展开专题培训，提升教师教学水平。如云南省德宏傣族景颇族自治州某边境学校三年来共投入教师培训经费17 967元，培训教师 134 人次。西藏自治区既组织援藏教师送教送培到边境学校，又从边境县选派教师到内地参加为期一年的跟岗培训，累积培训教师 2 万人次。

校本培训亦是教师专业素养提升的重要渠道。一方面学校选派骨干教师、管理干部带着问题到省内外名校考察学习，回校后对所属教研组的教师进行培训，达到共同提高。另一方面，建设学习型组织，学校定期开展教研活动，通过集体备课、观摩、评课等方式，努力打造学习型教师队伍、共建学习共同体，提高教师专业素养及技能。如开展读书月等活动，以“4・23 世界读书日”“9・28 孔子诞辰日”等为载体，提倡教师多读书，读好书，撰写教学随笔，营造良好的学习氛围；开展结对子、传帮带，教学能手、教学骨干和新教师结对帮扶等活动，师徒结对同上一节课、听课互评、集体研讨，让新老教师在日常教学中互学共进。校本教研的主要内容之一是探索教学模式创新。校级骨干教师分享自己在教学中的心得体会，将教学中管用有效的教学方法传授给其他教师。加强教育科研是校本教研的另一个重要内容。广西壮族自治区边境县的不少学校都提出“坚持科研立校、科研兴校”，鼓励教师开展课题研究、撰写学术论文、进行读书交流，发挥教育科研指引实践的作用。广大教师群体通过教育科学研究，更新教育理念，以先进的教育思想作为行动指南，不断摸索适切的教学方法和教学手段。

第二，强化师德师风建设。边境乡村教师整体而言稳定性良好，特别是老教师，扎根边境乡村学校，具有很强的奉献精神。在调研中，不乏教师兢兢业业、无私奉献的故事。云南省、广西壮族自治区、内蒙古自治区等边境乡村教学点，虽然教学条件艰苦，有的教学点甚至是一师一校，教师只能采用复式教学的方式，承担着教学、后勤等全部任务，但是他们没有怨言。有的教师还在访谈中说："现在的年轻教师有理想，他们出去闯荡闯荡有好处，也不能强求他们留在这儿。我年纪大了，也没有负担，留在这里教孩子也是很幸福的事儿。现在的政策好了，边境补贴、乡村补贴都有，每个月的工资也不少，国家对我们这么好，我一定不能辜负了党和国家。"这位教师是边境乡村学校教师的缩影，体现出边境乡村教师队伍良好的职业道德与高尚的奉献精神。在教师自律自强、爱岗敬业的同时，边境乡村地区依然重视教师队伍的师德师风建设。多地以打造一支团结协作、求真务实、素质过硬、爱岗敬业、乐于奉献的教师队伍为目标，实施教师形象工程，广泛开展"铸师魂、树形象"活动。云南省瑞丽市将"尽职责、精技能、守纪律、看实绩、比奉献"作为教师考核的主要内容，形成以"教学育人为中心，管理育人为主导，活动育人为主体，道德育人为主线"的教师评价体系。

第三，促进课程改革、教学改革。边境乡村中小学对于教师日常教学常规非常重视，形成了系列教学检查与监督制度。学科教研组每学期都要制订教学计划，再由学校相关部门组成检查组对教学计划完成情况进行检查，跟踪检查教学设计、教学进度、作业批改、与学生交流情况等。同时，努力跟上课程、教学改革的步伐，坚持以"培训先行、实验研究、教研推动、评价保证、管理促进、总结提高"的思路开展新课程改革工作，在探索中适应，在实践中发展。学校以学科组为单位定期举办"课改研究课"活动，发挥课改带头人的作用，带动和促进广大教师的课改实践，让教师和学生都能在和谐的教学氛围中收获知识，以"改变学生的学习方式"为突破口，以点带面，全面促进教学改革。

(三)提高教师福利待遇

目前,边境乡村中小学教师的福利待遇水平有所提高,这不仅是对教师工作的认可,而且有利于提高教师在边境工作的稳定性与积极性。中央和地方政府应为边境乡村地区教师提供舒适的生活条件、合理的收入报酬、畅通的专业发展通道。

第一,保障教师的专业发展权利。教师专业发展通道不畅通是边境乡村教师流失的主要原因之一。教师属于专业人员,需要及时"充电",优化知识结构、提升教学技能,这就需要健全的教师专业发展政策体系加以支持,从而有效保障教师专业发展的权利。近年来,边境地区持续推进边境乡村中小学教师职务职称晋升、职后继续教育、交流轮岗等工作,特别是乡村中小学教师职称评聘取消名额限制等优惠政策受到了广大教师的欢迎,边境乡村地区中小学教师专业发展通道也逐步建立并拓宽,教师专业发展权利得到保障。如黑龙江省绥芬河市扩大乡村教师职称晋升与评优比例,促进乡村教师队伍的优化;建立了教师培训制度,每年财政预算中都安排教师培训费 70 多万元,保证教师的培训费用。

第二,改善教师的生活条件。边境乡村地区由于交通不便,家在城镇的教师不能每天回家,所以教师周转宿舍就成为满足教师生活所需的基本保障。有的边境县通过各种方式筹措资金,为教师提供周转宿舍,为教师的基本生活提供保障。如广西壮族自治区实施农村学校教师周转宿舍建设计划,到 2015 年,基本满足在农村义务教育阶段学校任教的特岗教师、支教和交流教师以及寄宿制学校管理教师等的住宿需求。云南省文山壮族苗族自治州"十二五"期间累计投资 10 645 万元,实施农村教师周转宿舍项目 99 个,建设教师周转宿舍 2129 套,建设面积 74 515 平方米。

第三，切实提高教师经济待遇。教师工作的价值并不能用金钱来衡量，但切实提高教师的经济待遇是对教师职业重要性的肯定，也是对边境乡村教师超负荷运转的认可与合理补偿。边境乡村地区实施发放各类津贴、生活补助、奖金等多项措施，提高教师待遇，促进师资队伍整体素质的提升，实现了校际之间师资队伍的基本均衡。

提高教师工资待遇。建立了教师工资待遇保障长效机制，各地基本实现义务教育教师平均工资收入水平不低于当地公务员平均工资收入水平。

发放乡村教师生活补助。全面实施乡村教师生活补助政策，2022 年教育部举行的“教育这十年”“1 + 1”系列发布采访活动的第十一场新闻发布会中指出，中央安排 250.1 亿元资金，惠及中西部 22 个省份 725 个区县 7.6 万所乡村学校 130 余万名教师。如西藏自治区在自治区乡村教职工生活补助的基础上再增加 50 元，加大对边境乡村教师的生活补助。云南省出台了《云南省乡村教师支持计划(2015—2020)》，各边境州县也结合自身实际，出台各项鼓励措施，努力提高乡村教师待遇。如云南省耿马傣族佤族自治县制定出台了《耿马傣族佤族自治县关于落实集中连片特困地区乡村教师生活补助政策实施方案》，从 2016 年起，根据学校所处的地理位置和工作环境，将全县学校分为六类，分别给予每月 500 元至 900 的生活补助。对乡村教师每月给予 500 元的乡镇岗位补贴，对偏远学校教师每人每月给予 30 至 300 元的乡村教师补贴。综合而言，耿马傣族佤族自治县的乡村教师待遇普遍比县城教师待遇高 1030 ~ 1700 元。黑龙江省绥芬河市给予在乡村任教的教师每月 80 元的津贴补助，全市每年补贴支出 20 万元。

实施教师奖励制度。如黑龙江省绥芬河市建立了中小学校长基金制度，按每人每年 360 元拨付给学校，校长根据教师的工作表现奖励给教师；2008 年出台“从优待教”政策，全市中小学教师每人每月享受 500 元从优待教津贴，班主任教师每人每月享受 700 元从优待教津贴，中小学校长每人每月享受 1100 元从优待教津贴;建立了优秀教师奖励制度,每年用于奖励优秀教师的奖励金达30多万元。

四、边境沿线地区学校成为重要思想阵地

边境沿线学校是边境乡村地区最美的风景线。最美风景线首先从学校漂亮的教学楼、宽敞的操场展现出来。2000年,广西壮族自治区实施兴边富民大会战项目,在边境线0～20公里范围内总投资14 836.1万元,建设规模达到117 427平方米,用于新建、改扩建学前幼儿园及中小学。2008年,云南省启动边境县国门学校建设工程,计划在25个边境县兴建28所国门学校(以小学为主)。

广西壮族自治区龙州共和村小学旧貌换新颜

共和村小学的小学生中有的孩子家离学校很远,走路要40分钟。孩子们早晨来学校,中午回家吃饭,下午再来上课,晚上回家住。一天在路上的时间要花近3个小时。由于上学颇费周折,有的家长就让孩子辍学。而且共和村小学只有一栋旧教学楼、一栋平房,门窗破烂、屋顶漏雨;操场是泥土地,一下雨就特别泥泞;学校没有围墙,没有校门,牛群、粪车、甘蔗车随意穿校而过。后来,边境建设大会战启动,共和村小学装修了旧教学楼,新建了综合教学楼和学生宿舍楼,学校面貌焕然一新。孩子们搬进新的宿舍楼,边境线上的洞桂村小学、和平村小学、水口街小学也合并到共和村小学。学生们学习、生活、成长在学校,其乐融融。

——根据访谈信息整理

最美风景线更是从校园里朝气蓬勃的孩子身上体现出来。边境沿线地区中小学是重要的思想阵地。学校深入贯彻落实立德树人根本任务,紧扣边境沿

线地理位置和社会发展特点，保质保量上好道德与法治、思想品德课程。学校通过学科教学、主题班会、实践活动、校园广播、升国旗和国旗下的演讲、主题黑板报等方式，全方位开展爱国主义教育、国防教育、民族团结进步教育、理想信念教育等，大力弘扬社会主义核心价值观，增强学生的国家意识、法治意识、社会责任意识，不断增强学生对伟大祖国、中华民族、中华文化、中国共产党、中国特色社会主义的认同，树立正确的国家观、民族观、宗教观、历史观、文化观，使各民族学生牢固树立“三个离不开”思想，铸牢中华民族共同体意识。边境沿线地区有的学校充分利用当地教育资源，开展多种形式的守边护疆活动，引导学生铸牢中华民族共同体意识，取得了良好成效。以下的案例所呈现的是广西壮族自治区防城区一所边境小学开展常态化爱国主义教育的情况。学生们通过少先队活动等多种方式，形成维护祖国统一的意识、养成良好的行为习惯，学校思想引领的作用得到充分发挥。

防城区滩散小学红领巾护界碑小队护碑爱国主题活动常态化

[背景介绍] 防城区那良镇滩散小学地处中越边境，学校与邻国越南仅一河之隔。滩散小学是一所国门学校，同时也是一所半寄宿制村完小。在校学生有555人，其中寄宿学生288人，学生来自大河、滩散、六市、高林、里火等行政村，分属汉族、瑶族、壮族等民族。

[主题活动的出发点与基本思路] 滩散小学作为一所边境国门小学，结合学校实际，将“热爱伟大祖国，建设美好家园”与民族团结进步教育相结合，充分利用地处中越边境的地理位置优势，发掘特有的教育资源，设计了“爱祖国、护界碑”的主题活动。希望通过主题活动，让学生了解中华儿女在维护国家统一中所作出的贡献，激发学生的民族自豪感，进而培育学生维护国家统一、领土完整、主权独立的爱国情感，培育学生的国家认同感。

[主题活动的总体情况] 滩散小学从2001年开始开展“跟随边防军叔叔共护界碑”系列实践活动。以护界碑活动为载体，对学生进行爱边疆、爱祖国

教育。

●开展“童心向党、快乐成长”主题教育活动,促进边疆各族少年团结友爱、热爱祖国。举行了防城港市小学生“护我界碑,爱我中华”演讲比赛。演讲稿先由学生自己写,然后教师帮助修改,并指导演讲技巧。比赛先在各个班级举行,然后每班选出两名选手参加全校范围的比赛。

开展手抄报、书法、绘画比赛,要求作品围绕“我和界碑的故事”。活动收到了手抄报200余份,绘画作品150份,书法作品30份。各类优秀作品在各班级的学习园地进行张贴展示,营造了浓厚的护界碑文化氛围。

●开展丰富多彩的“我爱家乡山水、我的护碑梦”主题队会,形成了浓厚的爱家乡、爱祖国的校园文化氛围。

“雷锋精神照边疆,各族少年共筑护碑梦”大队主题队会。3月5日是学雷锋纪念日,学校结合已开展的民族团结进步共创活动、护界碑活动、三月学雷锋活动,设计并开展了“雷锋精神照边疆,各族少年共筑护碑梦”的主题队会。滩散小学护界碑小队的队员给大家讲述了有关界碑的知识、护界碑秘诀以及队员之间互帮互助的故事。护界碑小队的老队员还向大家介绍了界碑沙盘,为全校队员表演“竹梆”歌与自己编创的《护界碑歌》。

“让界碑来见证我入队”大队活动。围绕“中国梦、护碑梦”这一主题,学校一直坚持每年10月10日新队员入队仪式在界碑前举行,让边境各族儿童在庄严的界碑前宣誓,增强新队员的责任感、使命感。

“我的护碑梦”主题中队会活动。滩散小学护界碑活动已进行了17年,是学校的一个品牌活动,已经形成了护界碑校园文化。2016年,学校在每个中队开展“我的护碑梦”主题中队会活动。五(1)中队把护界碑活动十几年来的重要成果都展现出来,每个同学都热情洋溢,争先恐后地收集照片、整理材料、撰写“护碑故事”。

●开展“我和解放军共护界碑”联谊活动,加强各族少年儿童的国防意识、国土意识，铸牢中华民族共同体意识。

滩散小学学校与滩散边防派出所民警联合那良镇边境的其他学校开展共护界碑的活动。滩散小学的学生开展“护界碑、庆国庆”活动。滩散边防派出所民警与滩散小学师生在防城区那良镇里火口岸的界碑前开展共护界碑活动，大家擦洗界牌，除去界碑周边的杂草。期间，民警叔叔给学生们讲界碑故事。滩散小学全体师生聚集在界碑前举行庄严的新队员入队仪式，让队员认识到护界碑、爱界碑就是爱边疆、爱祖国的表现。

积极开展“党、团、队”共护界碑活动。滩散小学护界碑小队的队员与在滩散驻军的解放军、滩散边防派出所的公安民警，以及滩散村村委的党员干部与团员等到界碑前开展“庆七一，党、团、队，军、警、民共筑护碑爱国梦”的护界碑活动。

大力开展纪念抗战胜利70周年护界碑活动。2015年9月2日当天滩散小学35名各族少先队员在界碑前开展纪念抗战胜利70周年护界碑活动，请来对越自卫反击战战斗英雄黄传爷爷给队员们讲战斗故事。此次活动大大鼓舞了同学们的爱国热情。

创建“美丽”界河、界碑活动。结合当地美丽乡村建设的契机，2015年10月27日，滩散小学学生与滩散边防派出所的武警官兵在滩散口岸开展了一次很有意义的美丽界河、界碑清洁活动，此次活动增强了同学们保护界河、爱护界碑的热情，同时提高了他们的环保意识。2016年7月6日，学校护界碑小队的队员和驻军二连的战士一起，在界碑前开展“护界碑践行社会主义核心价值观”的展示活动。

五、学校民族团结进步教育丰富多彩

民族团结进步教育是边境乡村地区中小学的重要教育内容。边境省区教育行政系统对学校民族团结进步教育高度重视，学校经过摸索，形成了一系列民族团结进步教育经验。

（一）加强制度建设，完善政策措施

制度建设是边境乡村地区学校民族团结进步教育常态化开展的重要保证，统一的要求与规范的制度安排为开展民族团结进步教育工作提供了规范化、制度化的依据。边境各省区在国家统一要求的基础上，结合自身实际情况制定了学校民族团结进步教育的相关制度要求。如辽宁省出台了《关于进一步加强民族常识教育工作的通知》，广西壮族自治区出台了《关于进一步做好全区中小学校民族团结进步教育工作的通知》，云南省出台了《云南省人民政府关于加快发展民族教育的实施意见》及《关于进一步做好学校民族团结教育工作的通知》，完善民族团结进步教育的制度要求，细化年度工作任务和要求。

同时，加强工作机制建设，完善民族团结进步教育工作管理体系。例如，内蒙古自治区建立民族团结进步教育“四个全覆盖”机制，即覆盖青少年的学校系统教育，覆盖干部职工的培训教育，覆盖全社会的媒体宣传教育，覆盖乡村、社区、部队、企业的差别化宣传教育。云南省建立民族团结进步教育科研制度，成立民族团结进步教育指导专家委员会，通过科研课题的申报和调研工作的持续开展，全面了解掌握全省学校民族团结进步教育的现状、优势及存在的困难；同时先后成立 9 个民族团结进步教育基地，依托基地不断加强对课堂教学、学校管理、师资培训等方面的科学研究，充分发挥现代化信息技术和平台优势，促进教学质量的持续提升，为学校民族团结进步教育改革、政策制定提供智力支持。

（二）不断完善地方课程体系建设

目前，民族团结进步教育尚未纳入国家课程，主要以地方课程的形式进行。

值得注意的是,按照国家的要求,开展民族团结进步教育是全国各地各级各类学校的重要教育内容之一,并不是只针对边境地区。边境地区中小学对民族团结进步教育十分重视,并结合自身实际情况与特点,不断探索,逐步形成了特色民族团结进步教育地方课程体系。

第一,充分发挥课堂教学主渠道的作用。边境 9 省区均能按照国家要求,保证民族团结进步教育进课堂,按时开足、开齐民族团结进步教育专题课。如新疆维吾尔自治区中小学每周安排 1 课时的民族团结进步教育;辽宁省要求各中小学校严格遵守民族团结进步教育课程的课时安排。

第二,开发民族团结进步教育相关教材。边境地区有的立足当地实际,针对不同年龄段的学生,开发了民族团结进步教育相关教材,为学生初步提供了切合本地实际、内容丰富、易学易懂的民族团结进步教育学习材料。如新疆维吾尔自治区针对各级各类学生编写了 13 部民族团结进步教育地方教材。辽宁民族出版社出版了一套 55 册反映 55 个少数民族历史渊源、社会变迁、风俗习惯、民族区域自治的“走近中国少数民族丛书”,可作为民族团结进步教育学习材料,增进学生对各民族交往、交流、交融的理解。云南省各中小学校教育学生从热爱家乡做起,热爱中华民族、热爱中华文化。西藏自治区林芝市的部分学校探索民族团结进步教育的家校互动机制。

(三)将民族团结进步教育纳入学校育人全过程

进课堂只是民族团结进步教育的重要方式之一。除此之外,边境地区中小学校力争将民族团结进步教育纳入学校育人全过程。边境地区中小学在将民族团结进步教育与学科教学、班队会、学生社团活动等有机结合,重视多渠道、多形式、多载体开展民族团结进步教育,推动学校民族团结进步教育常态化,增强教育实效性。

第一,加强校园文化建设,营造良好的校园氛围。校园文化的浸染对学生民族团结意识的形成具有潜移默化的作用。如广西壮族自治区通过在校园中建设民族文化长廊、体验馆、陈列室、博物馆等,展示民族传统文化、民间习俗以及各民族为国家、为当地经济社会发展而团结奋斗的故事等内容,使学生在学校营造的民族团结进步的浓厚氛围中学习成长,学习积极性更高,情感体验激发更为自然。

第二,开展丰富多彩的活动,以喜闻乐见的方式进行民族团结进步教育。课堂系统讲授必须与各种实践活动相结合,以利于学生入心入脑。如云南省教育厅协同省民族宗教委、省文化厅等部门,形成比赛和活动的常态化机制,定期组织民族团结进步教育创新活动、读书活动、说课比赛、经典文化教育活动、民族教育现代化专题研究征文活动、民族传统体育文化教育展示活动、爱国主义民族团结进步教育系列活动等。西藏自治区党委自 2017 年起在全区开展“四讲四爱”(讲党恩爱核心、讲团结爱祖国、讲贡献爱家园、讲文明爱生活)主题教育实践活动,将学校民族团结进步教育作为一项重要内容纳入其中。广西壮族自治区把爱国主义教育作为德育的重要内容,将爱国固边教育作为边境地区学校的日常工作来抓,充分利用国旗下的讲话、主题班会、黑板报等途径进行教育,增强边境地区中小学生的祖国意识、公民意识。充分发挥课堂教学的主渠道作用,扎实推进民族团结教育进教材、进课堂,举办民族团结知识竞赛、民族团结演讲比赛等多种活动,通过青少年学生喜闻乐见的活动形式,强化民族团结教育宣传。新疆维吾尔自治区的中小学开展“课前 5 分钟讲讲身边的民族团结进步故事”的活动,发挥正面引导、教育的功能。

第三,促进各民族学生交往,搭建各民族学生交往、交流、交融的平台。民族团结进步教育倡导各民族平等,鼓励各民族之间相互尊重、相互包容、相互学习。学习民族团结进步的相关知识、理念是要在具体的交往、交流、交融中应用,缺乏各民族学生交往、交流、交融的社会实践,教育对象对民族团结的理解就是抽象的、脱离实际的。如新疆维吾尔自治区中小学利用教育对口支援的便利条件，与内地学生结对子、手拉手，开展以“民族团结一家亲”“三进两联一交友”“四个在一起”等为主题的多种实践活动，促进各民族学生的交往、交流、交融，增进彼此的了解、包容、信任，引导各民族学生铸牢中华民族共同体意识。

（四）提升教师开展民族团结进步教育的能力

边境乡村地区中小学大多没有配备专职民族团结进步教育教师，多是由学科教师、大队辅导员等兼任。有序引导教师提高对民族团结进步教育的认识及教育教学技能水平，对提高民族团结进步教育的教学质量具有直接影响。边境地区对民族团结进步教育的师资培养、培训普遍较为重视。例如，广西壮族自治区自 2012 年起在广西民族大学建立民族团结进步教育教师培训基地，开展民族团结进步教育师资培训工作。“十三五”期间共举办 16 期全区中小学民族团结进步教育骨干教师培训班，培训中小学校长、政教主任、团队工作者和思想品德课教师等约 1600 人次。参训学员除了理论学习、专题研讨、经验交流外，还到广西民族博物馆、南宁市部分中小学开展基地学习和实践研修。参加过培训的骨干教师回到学校后，又担任学校校本培训的讲师，将学到的新理念、新知识、新技能向本校教师传授，扩大了民族团结进步教育培训面。此外，不少学校还聘请校外民族团结进步模范人物、非物质文化遗产传承人、文化机构工作人员、高校与研究机构的专家学者等作为民族团结进步教育兼职教师，有效解决学校民族团结进步教育师资不足的问题。云南省每年组织开展民族团结进步教育教学材料使用开发培训、民族团结进步教育骨干教师培训、“直过民族”和人口较少民族乡村地区中小学民族文化艺术教师培训、中华经典文化教育培训、民族团结进步教育展示活动培训等，参与培训的教师达到数千人，有效提升了教师开展民族团结进步教育的能力。

六、国家通用语言文字教育水平不断提高

全面推广国家通用语言文字，有利于促进各民族的交往、交流、交融。《中华人民共和国国家通用语言文字法》第四条规定：公民有学习和使用国家通用语言文字的权利；国家为公民学习和使用国家通用语言文字提供条件；地方各级人民政府及其有关部门应当采取措施，推广普通话和推行规范汉字。边境乡村地区中小学应通过系统教育教学确保学生掌握和熟练使用国家通用语言文字，为各民族交往、交流、交融创造条件。

第一，国家通用语言文字教育教学全地区全覆盖，在基层中小学落地生根。边境乡村地区大部分都实现了义务教育阶段国家通用语言文字教育教学全覆盖目标。如西藏自治区截至 2018 年秋季学期，全区义务教育段中小学在校学生的国家通用语言文字教学覆盖率已达 100%，全区提前两年实现义务教育段中小学国家通用语言文字教学全覆盖的目标。基层群众对子女学习国家通用语言文字的热情非常高涨。

第二，探索国家通用语言文字教育教学的有效途径，优化教育教学效果。坚持全员全过程全方位覆盖原则，从学前阶段抓国家通用语言文字教育，重视义务教育阶段强化学生国家通用语言文字掌握及运用的能力；加大国家通用语言文字教育教学比重，全部学科课程用国家通用语言文字授课，并实施调整课时、课外补差、假期强化、分层教学、信息技术辅助、城乡包联帮扶等创新措施，运用多种方式提高学生国家通用语言文字水平。如新疆维吾尔自治区喀什市实行寒暑假强化国家通用语言文字措施，落实学生每天晨读晚读要求，确保学生投入一定时间学习国家通用语言文字。同时，推进集团办学，构建强校带弱校、县城支持农村，资源共享、互助互促、共同发展的办学模式，落实教学、教师、

责任、利益、考核“五捆绑”。目前喀什市已建成129个教育集团,捆绑299所学校(含幼儿园)。“捆绑模式”通过结对帮扶的形式,为国家通用语言文字薄弱地区提供了更好的教育教学资源和更为便利的师资条件,营造了学习国家通用语言文字的良好氛围。

第三,加强对国家通用语言文字教育教学质量的把控。国家通用语言文字教育教学质量如何,须纳入教育质量评价体系中。特别是边境乡村地区,应通过对国家通用语言文字教育教学质量的评估来对教学作出诊断,以促进教育教学方式的改进。目前,国家义务教育质量监测将小学、初中语文学科纳入监测范围,对学生语文能力等进行评估。同时,边境地区地方政府也通过各种方式,对本地区的国家通用语言文字教育教学质量进行评估。如新疆维吾尔自治区喀什地区2018年建成地县两级教学质量监测平台,已开展多次质量监测,深入分析研究,及时调整教育教学方式方法。西藏自治区全区各级各类学校大多成立了学校语言文字工作办公室,把提高学生语言文字规范意识和语言文字应用能力纳入培养目标和有关课程标准中。

第四,发挥学校教育的辐射作用,在全社会掀起学习国家通用语言文字的热潮,调动群众的积极性。边境地区党政机关、教育系统各级各类学校、各类研究机构、企事业单位人员带头学习国家通用语言文字。组织国家通用语言文字教育宣传、普及推广等活动,调动基层广大群众的学习热情。国家通用语言文字学习环境得到改善,社会各界学习掌握国家通用语言文字的水平得到提升。如西藏自治区目前全区各级政府和企事业单位少数民族干部职工都能较为熟练地运用国家通用语言文字;很多农牧民也可以熟练使用国家通用语言交流,成为农牧区脱贫致富的带头人。拉萨市顺利通过了国家一类城市语言文字工作评估;其余六个地市先后通过了国家二类城市语言文字工作评估;拉萨市、山南市、林芝市、阿里地区所有县区,日喀则市10个县区通过国家三类城市语言文字工作评估;53所学校被认定为自治区级语言文字规范化学校,其中12所学校获得国家级语言文字规范化示范校荣誉称号。2018 年,7800 名教师、3591 名学生、15 564 名公务员、323 名广电系统人员、1945 名社会人员接受了普通话培训和等级测试,普通话水平达到了相应上岗要求。

[案例链接]

西藏自治区林芝市大力推进国家通用语言文字教育

林芝市严格遵循“五个 100%”教育工作目标,印发《林芝市“五个 100%”教育工作目标实施方案》《林芝市教育体育局贯彻<西藏自治区“五个 100%”教育目标评价标准>工作实施方案》等文件。全市全面开设国家通用语言文字课程,全面推广国家通用语言文字,明确分学段国家通用语言文字教育重点和教学质量要求,确保中小学在校学生基本掌握和使用国家通用语言文字,确保中小学国家通用语言文字教育普及率达到 100%。践行自治区层面提出的“学前学会普通话”口号,在幼儿园阶段强化国家通用语言文字听说能力训练,确保幼儿上小学前基本能用国家通用语言进行日常会话。广大中小学开齐、开足语文课,不断加强国家通用语言文字教育教学。学生在小学毕业时基本能掌握和运用国家通用语言文字,中学毕业时能熟练掌握和使用国家通用语言文字。林芝市各中小学(园)教师普通话测试全面覆盖,参测率 100%,50 岁以下的教师普通话测试合格率达 99%,并达到了规定的等级。林芝市于 2015 年在全区率先全面通过了国家三类城市语言文字评估认定,计划 2020 年全市所有学校完成自治区语言文字达标建设。

七、教育文化交流健康发展

教育文化交流是国际交流的重要组成部分。在“一带一路”建设过程中,边境地区教育文化交流迎来了机遇与挑战。一方面,边境地区从后方转向前沿,有更多机会与毗邻国家交往；另一方面，在互动交往中会面临各种具体情境与现实问题。边境地区教育文化交流对象以毗邻国家为主，主体以高等教育阶段为主，主要体现在学术交流、民族艺术展示等方面；义务教育阶段的教育文化交流表现出较为明显的地域差别，如内蒙古自治区、云南省、广西壮族自治区的边境地区教育文化交流较为频繁，特别是云南省更为突出。

第一，积极明确边境省区在"一带一路"建设中的区位定位，服务于构建人类命运共同体。边境9省区是对外交流开放的门户，在"一带一路"建设中担负着特定的区位使命。习近平总书记2015年在云南省调研时指出："希望云南主动服务和融入国家发展战略，闯出一条跨越式发展的路子来，努力成为民族团结进步示范区、生态文明建设排头兵、面向南亚东南亚辐射中心，谱写好中国梦的云南篇章。"①云南省贯彻落实习近平总书记对云南省的三个定位，立足于"面向南亚东南亚辐射中心"的定位，积极主动融入"一带一路"建设，促进教育对外开放，促进与周边国家的人文交流与教育合作。广西壮族自治区充分发挥毗邻东盟国家的地缘优势、区位优势，积极参与海外中国文化中心合作共建，大力推动中华文化走进东盟，同时将东盟优秀文化"请进来"，搭建文化交流合作平台，广泛开展人文交流活动。

第二，边境地区义务教育阶段教育文化交流面向教师和学生两个主体，以开展教师培训、组织学生文体活动、教育援助为主要方式。中小学校管理者和骨干教师到毗邻国家参加培训、交流，在边境地区有所体现，但频率并不高。相比"走出去"，我国边境地区举办中文教师培训班、接待毗邻国家教师来华学习中文的频率更高。如云南省边境地区举办中文教师培训班，中文教育辐射缅甸、老挝、越南等东南亚国家。截至2017年，临沧市累计为缅北东枝、腊戌、果敢等地区的1000多所中文学校培训中文教师43期10 000多人次；保山市面向

① 云南跨越发展蓄势启航 聚焦三大定位精准发力[EB/OL].(2016-02-29)[2022-04-26].https://www.chinanews.com/gn/2016/02-29/7777410.shtml.

缅甸、泰国、老挝等国家共举办中文教师培训班60期，培训中文教师3456人次，组织华裔青少年夏令营14期，517名华裔青少参加活动。

以“六一儿童节”、民族节日庆典为契机，我国边境地区中小学经常以组织学生文艺表演的形式与毗邻国家中小学生交流互访。我国边境地区中小学生与毗邻国家中小学生的交流，除了共同参与文体活动外，还有一些非正式的方式。如跟随父母去边贸市场赶集、走亲访友等。

我国针对毗邻国家的需要，对毗邻国家进行教育援助也是一种较为常见的教育文化交流方式。如，云南省按照“以强带弱，共同提高”的原则为缅甸北部地区提供教育援助。临沧市年均为毗邻临沧市的缅北地区中文学校提供的各类爱心捐赠资金不少于20万元人民币，保山市向缅北地区侨校免费赠送10套电脑设备和大量的文体用品。

第三，部分边境地区（以云南省为主）中小学校接收外国籍学生来华就读。中缅两国互来互往的友好关系源远流长。1956年，由周恩来总理与缅甸吴巴瑞总理缔造了中缅两国的“胞波情谊”。改革开放以来我国坚持“与邻为善，以邻为伴”的睦邻外交政策。由于中缅两国友好往来的历史传统，直至今日仍有缅甸的小留学生来我国边境地区就读。

八、边境乡村地区义务教育发展的特点与现实困难

边境乡村地区义务教育发展与全国其他地区相比，最突出的特点是发展速度惊人与现有发展水平较为薄弱并存、发展方式以借助外力和政策倾斜为主、人力资源等软件条件支撑仍不够充分、教育发展内外部环境差异较大等。在向边境地区义务教育城乡优质均衡发展迈进过程中，仍需要进一步破解教育公平的现实难题，办好家门口的教育，让每个人都有人生出彩的机会。

(一)软件建设不足是制约边境乡村地区义务教育发展的主要因素

边境乡村地区义务教育发展速度非常快，特别是在基本办学条件等硬件保障方面，有了极大改善。边境乡村地区绝大多数的学校已经由原先的校舍简陋、配套设施不全、多媒体设备缺乏，逐渐建设成为校舍充足、配套设施完备、教育信息化设施设备基本健全的美丽校园。由于“全面改薄”等专项工程及对口支援等倾斜政策的实施，边境乡村地区在不断改善办学条件的同时，部分新建学校还出现了较高标准的校舍、较为先进的教育设备，距离标准化学校、现代化学校的差距逐渐缩小。但不可否认的是，边境乡村地区的城乡教育差异仍未完全消除。

边境乡村地区地区义务教育发展水平正在向全省平均水平靠近，但仍低于首府城市。边境地区不同边境县之间义务教育水平仍有高低差别，城乡义务教育差异并未完全消除。教育治理观念不到位，教育管理体制机制不健全，教育理念创新跟不上，教师队伍数量不足、结构不合理、教学胜任力偏弱，教育信息化设施设备使用不够充分，教改不够深入等成为边境乡村地区义务教育发展的薄弱环节。“大楼建起来了，设备买回来了，但是教师招不来，招来了留不住。有的教师专业不对口，学科教学能力偏弱，还停留于照本宣科的层次；有的教师不善于家校沟通，对学生的思想状态缺乏有效的引导方法。学校的实验课、计算机课教学水平仍待提高，有的设备教师也不会操作。”这是访谈中教师反映较多的问题。调查中发现，边境地区乡村中小学个别教师的课堂组织能力偏弱，工作态度亦不太端正，存在照本宣科、自己不讲让学生自习、作业批改不及时等情况。

边境乡村地区“三支队伍”较为薄弱，成为制约边境乡村地区义务教育发展的重要因素。第一支队伍是中小学校长队伍。从某种程度上来说，一个好校长能带领出一所好学校。校长对学校的发展定位、发展思路、发展模式、组织制度、组织文化等具有重要的影响力。边境乡村地区中小学的校长有的对学校发展有建设性思路,善于通过各种途径解决问题,如内蒙古自治区兴安盟的一所边境小学的校长为了解决办学经费不足的问题,想方设法筹集资金,分步建成教学楼、宿舍楼、食堂、操场。但总体来讲,边境乡村地区中小学的有些校长教育现代管理理念仍较为欠缺,对教育治理的主动思考不够,难以解决学校面临的种种现实问题。第二支队伍是教师队伍。边境乡村地区中小学教师基本实现了学历达标,但在教育教学胜任力方面存在较大差异,在育人理念、教学方法方面存在不足。第三支队伍是教研队伍。教研队伍是对教师队伍“先天不足”加以调整改善的重要途径。目前,边境乡村地区教研机构不健全,人员配置水平偏低,教研指导流于形式,尚未发挥出有效指导基层教师提升教学胜任力的功能。三支队伍的相对薄弱状态,在一定程度上导致边境乡村地区中小学发展规划不足,在办学思路及制度创新方面缺乏引领。

(二)教育发展内外部环境特点突出

我国幅员辽阔,陆路边境涉及9省区136个县,不同地区社会经济条件、历史传统、文化理念各不相同,由此带来教育发展内外部环境特点突出。边境9省区社会经济发展状况总体落后,根据2020年我国国民生产总值的情况,边境9省区国民生产总值在全国属于靠后的水平。排名最靠前的是辽宁省,位于16位,国民生产总值为25 115亿元;其他省区排名由高到低依次是,云南省(18位),广西壮族自治区(19位),内蒙古自治区(22位),新疆维吾尔自治区(24位),黑龙江省(25位),吉林省(26位),甘肃省(27位),西藏自治区(31位)。陆地边境县社会经济发展指数在呈现地域差异的同时,多项发展指标整体偏低(详见表2)。大体来看,陆地边境县农村人口比例偏高,有的省区达到70%以上；农村居民人均可支配收入偏低，其中，用于教育文化娱乐的支出比例大多保持在6%～8%，占比最高的为12.72%（甘肃省），内蒙古自治区为10.28%，辽宁省为9.52%。[①] 根据2018年国家统计局发布的数据[②]，农村居民教育文化娱乐的支出占比比城镇居民低0.65个百分点；陆地边境县农村居民教育文化娱乐的支出占比比全国农村居民平均值低3个百分点。

表2　2020年陆地边境县分地区主要社会经济发展指标

省区	主要社会经济发展指标						
	农村人口比例（%）	地区生产总值（亿元）	人均地区生产总值（元）	一般公共预算收入（亿元）	农村居民人均可支配收入（元）	农村居民人均消费支出（元）	农村居民最低生活保障年支出水平（元/人）
内蒙古	48.17	1320.22	72 036	79.89	17 963	13 027	4176
辽宁	50.40	546.16	32 491	39.51	18 897	14 607	3806
吉林	30.72	649.51	35 463	41.74	14 265	10 756	3746
黑龙江	41.29	1261.37	45 849	53.08	19 170	13 219	4517
广西	74.92	730.86	32 785	41.51	14 100	9264	3095
云南	66.56	2733.06	40 109	121.98	12 410	10 367	3553
西藏	78.34	133.15	35 559	11.46	13 039	—	6097
甘肃	35.00	16.91	136 285	3.00	28 888	24 844	3050
新疆	56.46	2706.64	50 463	195.14	12 881	10 255	3605

① 国家民族事务委员会经济发展司，国家统计局国民经济综合统计司. 中国民族统计年鉴：2021[M]. 北京：中国统计出版社，2022：402－413.

② 2018年，全国居民人均教育文化娱乐消费支出2226元，占人均消费支出比重为11.2%。其中，城镇居民人均消费支出26 112元，其中教育文化娱乐消费支出2974元。乡村居民人均消费支出12 124元，其中，教育文化娱乐消费支出1302元。

社会经济发展水平的差异会在一定程度上直接影响教育经费的投入、居民对教育的重视程度、教育发展的方式等。除社会经济发展水平呈现差异之外，社会文化、历史习俗、传统观念等方面的差异对教育成效亦有较大影响。边境地区义务教育亦受到毗邻国家的外交政策、教育政策、人文理念等的影响。我国边境线较长，与 14 个国家接壤。周边国家的政治、经济、文化等外部环境对我国边境地区义务教育的发展会产生不同程度的影响。

由于边境地区教育发展内外部环境有自身的特点，因此边境乡村地区义务教育发展会呈现不同的现实问题，需要教育政策进行针对性识别与统筹。一方面，由于教育发展的内外部环境有其自身特点，教育服务社会的作用与亟须解决的迫切问题就要根据实际需要有所调整。如有的地区属于贫困发生率较高的地区，在打赢脱贫攻坚战之前，有的地区甚至被列为深度贫困地区，义务教育就应发挥教育扶贫阻断贫困代际传递的基础作用，教育政策规划应聚焦防返贫机制的建立，关注各种返贫风险。而有的地区边贸较为发达，特别是有口岸的边境县，边民从事经商、当地经济作物加工、资源开采等工作，经济较为富裕，部分家长有“上学不如赚钱”的思想，教育政策规划就应聚焦提高边境学校教育教学质量、增强学校教育吸引力、提高教师专业能力等问题。

另一方面，边境地区应针对具体问题采用不同的解决方式。如寄宿制学校的优势在辽宁省、吉林省并不突出，但西藏自治区、新疆维吾尔自治区、内蒙古自治区、云南省等边境地区由于多为牧区、山区，寄宿制学校就发挥了控辍保学的重要作用。

因此，边境地区义务教育政策规划必须正视边境地区的特点，正视边境地区与其他地区的差别、边境地区省区之间的差别、边境地区城镇与乡村的差别，克服“一刀切”，实现根据实际情况规划教育政策。

（三）向“优质均衡”迈进是边境地区义务教育发展新的着力点

边境地区义务教育已经从城乡二元结构走向基本均衡发展，目前正在经历从“基本均衡”向“优质均衡”的发展过程。2019 年 10 月在浙江召开的全国县域义务教育优质均衡发展督导评估认定启动现场会上，陈宝生同志明确提出将推进县域义务教育优质均衡发展纳入党委政府重要议事日程，吹响了推进义务教育优质均衡发展的号角。同时，陈宝生同志提出了义务教育优质均衡发展的目标，即抓政府责任，加强省级统筹；抓科学规划，主动对标，形成统筹规划、典型引路、严格标准、实事求是的路线图和时间表；抓改革创新，深化义务教育综合改革，逐步破解制约优质均衡发展的体制机制障碍；抓督导评估，进一步深化教育督导体制机制改革，通过督导评估推动解决义务教育优质均衡发展面临的实际问题。①

国务院教育督导委员会办公室主任、教育部教育督导局局长田祖荫在介绍 2019 年全国义务教育均衡发展督导评估有关情况的新闻发布会上，对优质均衡进行了阐述。他认为，与基本均衡比，优质均衡的内涵集中体现为“四个更”。一是全面发展的理念更鲜明，坚持有教无类、五育并举、因材施教，为每一名学生提供适合的教育。二是标准化建设程度更高，在补齐短板，解决大校额、大班额问题的基础上，加快提档升级，做到“校校达标”“项项达标”。三是教师队伍更强，努力提升教师队伍整体素质，切实提高教师待遇保障水平，落实好教师和校长交流轮岗制度，确保城镇薄弱学校、乡村学校有更多好教师。四是人民群众更满意，指标合格了，人民群众不满意，这不是真合格，只有指标和人民群众

---

① 全国县域义务教育优质均衡发展督导评估认定启动现场会在浙江召开 陈宝生袁家军讲话[EB/OL].（2019 - 10 - 13）[2021 - 04 - 28]. http://cpc.people.com.cn/n1/2019/1013/c117005 - 31397216.html.

满意度双合格，才是真正的优质均衡。同时，为确保上述“四个更”的标准落实落地，国务院教育督导委员会办公室制定了县域义务教育优质均衡发展督导评估办法，从资源配置、政府保障程度、教育质量、社会认可度等方面，提出了30多项具体指标和标准要求，并印发了评估认定规程，确定了“重硬件更重软件、重指标合格更重群众满意、重数量更重质量”的基本原则。各地积极响应，全国所有省份均已出台优质均衡发展评估认定实施办法和工作方案，正结合实际制定推进计划。①

义务教育优质均衡发展这一新标杆对于边境乡村地区而言，颇具挑战。站在城乡教育均衡基本实现的新起点上，边境乡村地区教育优质均衡发展应抓准关键着力点，精准发力，以更新的理念为指导、运用更科学精准的方法，达到更高的标准。尚未实现国家义务教育均衡发展验收的边境县则必须加快发展速度，在规定时间完成规定任务；已经完成国家义务教育均衡发展评估认定的边境县则要立足本地区实际情况，进一步夯实基础，向提升教育质量、提高教育治理能力、推进教育现代化迈进。

第一，抓住教育的本质，坚持正确的发展方向，牢牢把握住“培养什么人、怎样培养人、为谁培养人”这一关键问题。优质均衡的教育服务于提升人才培养质量，服务于培养社会主义建设者和接班人的育人目标。在乡村振兴战略背景下，边境乡村地区义务教育应为培养乡村建设的人力资源奠定人生基调、打好底色。在这一理念指引下，边境乡村地区才能更好地引导学生发展，提升育人质量。

第二，抓住教育发展的制度框架，做好顶层设计，创设教育优质均衡发展实践路径这一关键抓手。边境乡村地区教育治理能力提升，主要体现在教育体制机制改革上。如何使制度焕发活力，推动创新发展，是摆在教育管理者面前的

① 教育部介绍2019年全国义务教育均衡发展督导评估有关情况[EB/OL].(2020-05-19)[2021-04-28]. http://www.moe.gov.cn/fbh/live/2020/51997/.

问题。由于历史原因,边境乡村地区义务教育发展水平整体处于较为薄弱的状态,想要打破薄弱的状态,转向优质均衡发展,单纯依赖政策扶持是远远不够的。在脱贫攻坚等关键时期,采取外援式的发展模式有助于边境乡村地区快速实现脱贫目标,但进入常态化发展时期,必须搭建起适合边境乡村地区发展的制度框架,避免重复、模仿其他地区的发展模式。制度创新可为边境乡村地区优质均衡发展提供发展空间和发展策略。

第三,抓住教学过程的核心主体,处理好教学关系,攻克人力资源不足这一关键难题。均衡的前提条件及有效保障在于硬件条件,均衡的核心竞争力则在于软件条件。一方面,边境乡村地区中小学硬件条件要持续稳定并持续改善,基本办学条件应达到标准化建设的水平,并在硬件设施的系统维护、运转上下功夫,保证硬件设备能够在教育教学过程中得到及时维修、更新。另一方面,边境乡村地区义务教育发展应争取足够充分的软件资源,通过政策吸引等多种方法,建设校长、教师、教研人才队伍,保证教育教学过程中有引领、有方法、有成长、有成效。抓住教师这一核心主体,以教育治理的先进观念、以人为本的制度手段为引领,校长为教师职业幸福感提升谋划路径;以灵活多样的教研手段、适切充分的课堂诊断为推动,教研员为教师的专业发展插上翅膀,力促教师不断提高教育教学胜任力;调动教师的内在动机和积极性,使其善于、乐于、勤于自我反思、自我提升。

第四章

边境地区义务教育优质均衡发展的理论基础

边境地区义务教育经过长期发展,逐步打破了城乡二元结构,并基本实现了均衡发展。在这一过程中,边境地区义务教育由改善基本办学条件、实现硬件条件基本均衡开始,逐渐优化软件条件,推进城乡义务教育优质均衡发展。坚持教育公平的基本价值导向是边境地区义务教育均衡发展的决定性因素。在发展战略的价值选择上,虽然边境地区在地理位置上较为偏远,但非常重视教育事业,坚持立足边境地区教育的特点与发展需求,办人民满意的教育,从而使边境地区义务教育获得发展的前提。在发展方向的选择上,从国家层面到地方层面做好教育政策规划,针对边境地区现实问题设计系统的政策措施,是边境地区义务教育均衡发展的制度保障。在发展路径的制度选择上,义务教育经费保障机制、乡村教师补充机制、教育对口支援、乡村中小学现代远程教育工程、少数民族人才培养倾斜政策等一系列政策方案,解决了边境乡村地区义务教育发展中的关键难题。在教育目标选择上,义务教育作为各级各类教育的基础环节,以培养社会主义建设者和接班人为根本目标。

回望边境地区从城乡二元结构到城乡义务教育基本均衡发展的历程,教育政策发挥了重要的作用。坚持正确的价值导向与战略定位,搭建科学的制度框架,制定一系列完善的教育政策措施,在长期的努力下不断补齐历史欠账,扭转历史发展的相对薄弱状态,并积极解决新问题——这既是边境地区义务教育不断推进教育公平的历史经验,也是在乡村振兴战略的背景下,边境地区城乡义务教育由基本均衡走向优质均衡需要继续遵循的规律。

一、发展战略的价值选择：教育公平

价值选择决定教育政策的方向。教育公平既是边境地区义务教育发展的重要发展方向，又是边境地区义务教育政策规划的价值选择。这一价值选择建立在对我国教育属性的根本认识、对教育功能定位的深刻认识的基础上，反映了人民对教育发展的需求以及中国特色社会主义教育事业从人民根本利益出发、为了人的全面发展的本质。教育公平不仅体现在基本办学条件、教育资源配置等方面，而且体现在教育发展的质量，包含对教育重要性的判断与认识、对教育对象需求的满足、对教育发展过程中不同情况的关注等多个层面。

（一）坚持教育优先发展

优先发展教育是对教育重要作用与功能的判断，是教育公平的前提。教育是公共事业的重要组成部分，只有将教育置于公共事业发展序列的重要位置，充分重视教育，才有可能实现教育公平。如果将教育视为社会发展的细枝末节，那么教育公平就无从谈起。中国共产党历来对教育事业发展非常重视，教育事业在我国始终处于基础性、先导性、全局性地位，且教育优先发展地位与时代发展要求相结合，教育优先发展的内涵各有侧重。时至今日，世界竞争已经越来越表现为知识和人才的竞争，知识、人才已经成为社会经济发展的核心力量，教育的地位愈加重要。

在新时代，教育优先发展的地位更加突出、内涵也更为丰富，教育被置于个人、民族、国家、人类发展的基础性地位。

在坚持教育优先发展的价值理念下，我国实施了一系列教育专项工程，制定了一系列贯彻落实教育优先发展的政策措施，特别是针对乡村、贫困、边远、中西部地区采取了教育经费、资源配置、师资保障等多方面的倾斜政策。由此，教育优先发展从理念成为现实。在教育政策措施的保障下，边境地区教育发展水平不断提升，城乡教育均衡发展逐步实现，教育服务社会的功能不断增强。

（二）办人民满意的教育

教育公平发展是为了保障所有人接受教育的权利。教育产生之时并不是天然面向所有人，而是统治阶级享有的特权。孔子主张"有教无类"，在一定程度上表达了教育公平的思想，体现了打破受教育者身份限制的主观愿望。但在封建社会，教育仍是少数人享有的特权。伴随着公立学校教育系统的出现，特别是班级授课制的应用，教育规模逐渐扩大，在这一过程中教育的覆盖面也有所扩展，但距离教育公平仍有较大距离。能否接受教育仍受到社会阶层、家庭条件等诸多因素的限制。教育并不能公平地面向每一个人。

直至新中国成立，教育公平之路才被正式开启。教育公平首先是受教育权利的平等，即人人平等地接受义务教育。正如《中华人民共和国义务教育法》的规定："凡具有中华人民共和国国籍的适龄儿童、少年，不分性别、民族、种族、家庭财产状况、宗教信仰等，依法享有平等接受义务教育的权利，并履行接受义务教育的义务。"接受义务教育既是每个公民享有的权利，又是每个公民不可放弃的义务。不断发展教育，增加学额，扩大受教育群体的覆盖面；采取减免学费、资助贫困学生等优惠政策，逐渐降低家庭承担的教育成本，保障贫困人群子女的基本受教育权；实施就近入学、治理择校乱象，妥善解决进城务工人员子女受教育问题，让所有适龄儿童都平等就学；实施春蕾计划，让女童接受教育，打破受教育的性别差别：这些教育政策就是在坚持教育公平的价值选择下所形成的，它们表达出满足所有人的受教育需求的美好愿望。办人民满意的教育就是教育公平价值理念的表达。

办人民满意的教育,是中国共产党特有的价值理念与价值追求,也是我国教育公平特有的内涵。办人民满意的教育是中国共产党“全心全意为人民服务”的宗旨在教育领域的体现。办人民满意的教育其实质就是从人民群众的根本利益出发办教育,将人民群众的教育需求作为教育事业发展的出发点与落脚点,一切以人民为中心、一切为了人民。人民群众是国家的主人,是一切公共事业发展的主体,也是公共事业发展的服务对象。办人民满意的教育是中国共产党一贯的价值主张与追求。教育不仅是国家社会经济发展的基本推动力,而且是个人生存、发展的基本权利,教育与每个家庭、每个个体都有密切的关系。因此,不断提高教育教学质量、办人民满意的教育,就是服务于人民的基本教育需求,使人民共享教育发展的成果。

教育以人为本与办人民满意的教育具有内在一致性。以人为核心的教育推进了教育公平的进程。教育公平的实现就是为广大人民全面发展提供基本的场所、系统的内容、恰当的方法。教育的实施主体与作用对象都是人,这就决定了以人为本是教育的基本规律之一。培养人是教育的本体功能,教育必须以人的培养为核心,所有教育教学活动均应围绕人的全面发展展开,以人的身心发展规律为基础。如果教育偏离了人的发展,那么就与教育的初衷背道而驰,就失去了教育的本体价值与意义。人民是一个集合概念,是由具体的个体所构成。以人为本的教育是对个体发展的尊重与负责,以人为本是办人民满意的教育的前提与要求。将人的发展作为教育的目的才能使教育成为人民满意的教育。同时,人民满意的教育是符合人民群众根本利益的教育,是促进人民健康发展的教育,是为人民创造美好生活的教育。人民满意的教育并不意味着教育要迎合个体偏颇的教育需求,而是为了人的全面发展坚持正确的教育方向与方法。以人为本的教育、人民满意的教育是将人的全面发展作为核心,在追求人的全面发展的过程中,教育公平的进程也不断推进,为越来越多的人提供受教育的机会，让越来越多的人得到全面发展。

政府办教育是办人民满意的教育的基础，也是教育公平进程得以快速推进的重要原因。政府办教育，突出了义务教育的公共性，是普及义务教育的重要保障。政府办教育解决了举办义务教育所需的场地、经费、师资、课程等系列问题，克服了边境乡村地区办学经费不足、群众教育观念淡薄等不足，使边境乡村地区能够得到充足的教育经费，享有与城镇同等的教育资源。政府办教育是打破城乡二元结构、尽快实现义务教育城乡均衡发展的重要保障。同时，政府办教育使义务教育强制性的特点得以突出，最大限度地保障了每个人的受教育权。积极主动地接受教育并不是人生来就有的观念，在某一特定历史阶段边境乡村地区义务教育控辍保学的压力非常大，主观因素辍学成为教育行政部门高度重视的问题。由此可见公众的教育观念需要积极引导，对于“读书无用”等不当观念需要合理地扭转、纠正。政府办教育加强了受教育是义务的要求，避免了人们对接受教育的漠视，从主观上推动了教育公平的进程。

（三）关注边境地区义务教育发展的特点与实践需求

边境地区由于地理位置特点与区位优势，是我国社会发展的关键领域，是实施西部大开发战略、打赢脱贫攻坚战的重点地带，也是我国向周边国家展示国家形象的重要窗口、与周边国家友好往来的重点地区。教育是社会发展的重要组成部分，不能脱离社会环境而发展，边境地区义务教育发展有着自身的特点与实践需求。

第一，边境地区义务教育面临着自身发展的问题。在义务教育以县为主的政策框架下，义务教育是边境地区基层政府最关注、主体责任最集中的学段。对个人而言，义务教育在人的一生中发挥着奠基性的作用；对于教育行政部门而言，义务教育的发展是提高教育公共服务均衡化水平、打赢教育脱贫攻坚战的重点环节。在脱贫攻坚的过程中,边境地区要率先实现教育脱贫,进而使教育可以发挥服务社会的功能,促进边境地区社会经济、文化等方面的快速发展。在打赢脱贫攻坚战后,边境地区要巩固脱贫成果,防止返贫。由此,边境地区的教育由补偿式的发展转向优质均衡发展,由教育脱贫走向教育扶贫再到教育助力乡村振兴,教育的社会功能也有所扩展。

第二,乡村振兴背景下,边境乡村地区义务教育以发挥固边稳边兴边的基础性作用为价值引领。随着脱贫攻坚战取得全面胜利与乡村振兴战略的实施,边境乡村地区义务教育也由固边稳边转向兴边。增强边境地区的吸引力,必须以边境地区的大发展、大振兴为前提。发展教育是边境地区吸引力增强的重要手段。教育肩负着人才培养的重要作用,越来越成为个人、家庭、地区乃至国家竞争力提升的关键要素。守边固疆需要人民群众,边境地区建设、发展需要人才。边境地区要在公共服务上下功夫,为边民和引进的人才提供相对高水平的生活保障。由固边稳边走向兴边是对边境地区义务教育发展提出的新要求。

二、发展方向的选择:从宏观到微观做好教育政策规划

教育政策规划解决两个问题,一是从宏观方向上规定边境地区义务教育的发展方向,二是从路径上针对边境地区义务教育实践问题设计政策方案。目前,边境地区义务教育制度框架与全国义务教育体系同步,“以县为主”是边境地区义务教育的基本制度框架,同时在人力、财力、物力等方面尽量向边境地区倾斜。针对边境地区义务教育的相关政策规划分散于国家层面、地方层面的各类教育政策规划中。

(一)从国家到地方出台各种教育政策规划

教育政策规划为边境地区义务教育如何发展指明了方向。实践中,“边境”在教育政策规划中主要以地域的概念存在,形成了“国家—省(区)—市、地、州—县”自上而下层级响应教育事业发展规划的制度体系。教育政策规划主体的层级越高,其内容越宏观,原则指导性也就愈加突出。

第一层次的教育政策规划是国家层面的对全国各级各类教育事业的总体规划。这些规划多由国务院发布,多从宏观层面对教育事业进行统筹规划,是边境地区义务教育发展所遵循的基本制度框架。有的教育政策规划融合在针对边境地区公共事业发展的总体规划中,如《兴边富民行动“十三五”规划》《“十三五”促进民族地区和人口较少民族发展规划》《国家乡村振兴战略规划(2018—2022 年)》等均有对义务教育发展的要求与规范;有的是教育事业的专门规划,如《国家中长期教育改革和发展规划纲要(2010—2020 年)》《面向 21 世纪教育振兴行动计划》《中国教育现代化 2035》《国务院关于深化改革加快发展民族教育的决定》等;有的教育政策规划针对教育事业的某一方面,如针对教师队伍建设的《乡村教师支持计划》,是对“边远贫困地区、边疆民族地区和革命老区人才支持计划教师专项计划”的谋划,针对局部地区教育事业发展的《加快中西部教育发展行动计划(2016—2020 年)》等,是对局部地区教育事业发展的集中谋划。

第二层次的教育政策规划是国家层面分类别制定的各级各类教育规划及针对重要问题制定的专门规划。这类教育政策规划多由教育部发布,但适用于全国范围,并通过国家教育专项工程实施、中央财政扶持等手段向边境地区倾斜。如针对义务教育发展的《教育部关于进一步推进义务教育均衡发展的若干意见》;针对教育脱贫攻坚的《深度贫困地区教育脱贫攻坚实施方案(2018—

2020年)》等。

第三个层面的教育政策规划是我国边境省、自治区出台的地方性教育发展规划。省、自治区级教育政策规划是以行政管辖为基础，对辖区内教育事业发展的规划，如《云南省中长期教育改革和发展规划纲要》中提出对边境地区教育发展的系列规划、《新疆维吾尔自治区边境县市教育事业发展五年规划(2006—2010年)》等。

第四个层面的教育政策规划是边境县制定的教育事业发展规划。县级教育政策规划是对本县教育事业发展的谋划，其依据是国家级、省级教育政策规划，是以层层传导、层级响应为方式，基层政府贯彻落实国家和上一级政府教育政策规划要求的体现。县级教育政策规划在指导思想、原则价值等方面与国家级、省级教育政策规划保持高度一致，所指向的问题多是本地区教育发展的普遍问题，所提出的规划目标基于本地区教育事业发展的实际状况。这些教育政策规划仍以区域教育事业发展为基本框架，内容仍未脱离国家级、省级教育政策规划的设计。

第五个层面的教育政策规划是边境省(自治区)专门针对本辖区义务教育均衡发展制定的规划。如《广西壮族自治区实现县域义务教育均衡发展规划(2010—2020年)》等，边境省(自治区)基于本地现有的义务教育发展水平和实际情况，对义务教育均衡发展制定了明确的时间表与路线图，特别是设定了本地义务教育均衡发展的阶段性目标和时间节点，同时也为义务教育均衡发展所需要的政策保障进行了设计。

(二)针对边境地区现实问题设计政策方案

由于地理位置的特点，边境地区需要设计有针对性的教育政策方案，以保证在解决边境地区义务教育发展实践问题时有据可依，更好地贯彻落实依法治教。

在现实中不难发现,边境地区教育行政管理部门对边境地区现实教育问题的解决存在诸多决策困惑。以下访谈所反映出来的困惑是其中的一种。Y州教育局工作人员:面对外出务工潮,边境地区不同程度地面临着生源减少的问题,边境乡村地区的中小学生源萎缩更加明显。在这样的情况下,边境地区学校建设应该怎么把握,尤其是教学点、小规模学校的建设与发展问题一直困扰着我们。建设难度大、投入大,但学校建好了,生源不足又是个问题,来读书的人又没那么多了,这就存在教育资源浪费的问题;但如果学校建设跟不上,边境地区的教育质量就无法提高,甚至存在辍学率反弹的风险,边境地区义务教育吸引力也无法增强,学校守边固疆的作用就会减弱。边境地区由于地形多样,人口分布相对分散,教学点是较为常见的学校类型。教学点硬件设施、师资力量都相对薄弱,有的教学点只有几个老师,不少教学点还保留着复式教学的模式,甚至有的教学点是一师一校。在居住分散的现实情况下,教学点为边民子女提供基本教育保障的功能以及稳边固疆的功能不容忽视。因此,边境地区的教学点及小规模学校并不能被简单裁撤,而是需要具体问题具体分析,因地制宜地采取措施。

边境地区地方义务教育政策规划应着力体现因地制宜的特色,不能只是对国家教育政策规划简单复制,应避免千篇一律,鼓励充分发挥基层首创精神。如果照搬照抄其他地区对普遍问题的处理方法,就可能对边境地区的现实困难关注不足,教育政策的针对性、指导性亦无法突出。以教育经费制度为例,中央及地方政府仍要进一步探索与改进对边境地区义务教育经费来源、生均教育经费标准、各级财政投入比例等政策安排的针对性、有效性,形成因地制宜符合地方财政能力的教育经费保障体制。再如边境乡村地区学校局部调整,不少教学点虽然成本较高,但并没有简单裁撤,边境省(自治区)对边境地区教学点布局、发展模式均给予系统设计,淘汰、合并、新建、扩建相结合,并对保留必要教学点并提升教育质量给予充分政策保障。

(三)注重政策方案的系统性

政策方案是边境地区义务教育政策规划中最为重要的组成部分,应避免线性思维,充分体现系统性思维,发挥整体性作用。系统性主要表现在政策方案的完整性、协调性,政策工具的组合性,政策内容、制度安排的有效性、创新性等多个方面。

第一,理顺政策规划中各政策措施之间的关系,形成各政策措施相互支撑的政策网络体系。首先要在原则性指导的基础上,针对具体的教育问题制定实施细则,明确谁来执行、如何操作、如何评价、激励奖惩机制如何建立等细节。同时,各项政策措施要完善且相互协调。任何问题的形成都是由复杂原因引起的,因此必须对多种原因加以控制,采取同向相行的多种措施指向同一个现实问题。当各种政策措施形成一个政策网,围绕同一个目标时,必须避免“政策打架”的问题。多种措施应以组合形式出现,否则不同措施向不同方向用力,就会导致执行者无所适从、政策效果相互抵消,不利于解决实践问题。

第二,政策工具相互配合,综合运用多种类型政策工具解决复杂问题。据相关理论,政策工具可分为自愿性政策工具、混合性政策工具、强制性政策工具三种。这三种政策工具应在实践运用中结合起来,使边境地区义务教育政策规划使用的政策工具多样化、综合化。不同的政策工具有各自的特点,对于不同类型的问题具有特定的针对性。强制性政策工具通常包括法律、行政手段,具有易操作、执行明确、效率高、效果好等特点。同时,强制性政策工具符合义务教育主要由政府负责的特点,更加适用于边境地区的实际情况。混合性工具由于缺乏强制性的规定要求,对政策执行主体的思维模式及其治理能力提出了更高的要求。混合性工具应用的过程也是边境地区义务教育政策规划主体调动义务教育参与主体主观能动性的过程,义务教育政策规划主体通过合适的方法,号召、鼓励、激励甚至劝诫义务教育各参与主体履职尽责。自愿性工具一般针对政府部门以外的社会团体组织、家庭、市场等,旨在充分调动一切可利用的资源共同促进教育事业发展。需要注意的是,自愿性工具的应用有其领域界限,对于教材等有关边境地区义务教育发展方向、性质的领域,不宜使用自愿性工具。对于自愿性工具可以进入的领域,则应充分发挥自愿性工具的优势,充分整合各种资源参与边境地区义务教育发展。

三、发展路径的制度选择:不断完善教育政策

实现城乡义务教育均衡发展要依靠完善的教育政策,对长期困扰乡村教育发展的关键问题给予政策支持,逐一突破。2005 年,教育部发布《关于进一步推进义务教育均衡发展的若干意见》,将推进义务教育均衡发展作为各地实现"两基"之后义务教育发展的另一项重要任务。2010 年,教育部又下发了《关于贯彻落实科学发展观进一步推进义务教育均衡发展的意见》,明确了义务教育均衡发展的目标和具体措施。《国家中长期教育改革和发展规划纲要(2010—2020 年)》两次提出"建立城乡一体化义务教育发展机制"。2014 年教育部、国家发展改革委、财政部下发的《关于全面改善贫困地区义务教育薄弱学校基本办学条件的意见》提出以中西部乡村贫困地区为主,兼顾东部部分困难地区;以集中连片特困地区为主,兼顾其他国家扶贫开发工作重点地区、民族地区、边境地区等贫困地区,改善义务教育阶段基本办学条件。2015 年的《国务院关于加快发展民族教育的决定》第 27 条专门就"支持边疆民族地区教育发展"作出规定,指出:"国家教育经费向边疆省区倾斜,边疆省区教育经费向边境县倾斜,提高边疆民族地区义务教育阶段学校经费保障水平和生均公用经费标准。加强

基础设施建设,改善基本办学条件,不断增强边境学校吸引力。支持边疆省区制定激励政策,鼓励引导高校毕业生、骨干教师到边境学校任教,提高教育质量。”可见,城乡义务教育均衡发展成为教育公平的重要任务,而且形成了相应的制度安排,特别明确了补偿式支持边境地区义务教育发展的思路,制度安排聚焦于边境地区义务教育经费、师资等教育过程中的核心问题,并增加了对基础设施建设、基本办学条件的制度支持。

(一)义务教育经费保障机制

根据2020年全国教育经费执行情况统计快报,2020年全国义务教育经费总投入为24 295亿元,比上年增长6.55%;全国普通小学生均教育经费支出为14 103元,比上年增长4.43%,普通初中生均教育经费支出20 342元,比上年增长3.94%。在全国义务教育经费增长的趋势下,农村地区义务教育经费实现逐年增长,经费保障机制日臻完善。边境乡村地区所得到的政策倾斜更多、力度更大,多重利好相叠加,边境乡村地区义务教育经费保障更加有力。

第一,将农村义务教育经费保障提上政策议程。2005年教育部印发的《关于进一步推进义务教育均衡发展的若干意见》对农村义务教育经费保障高度关注,明确提出进一步调整教育经费支出结构,重点支持农村地区、贫困地区、少数民族地区的义务教育发展,加大对经济困难地区的教育专项转移支付。同时,县级要加强对各项教育经费的统筹,千方百计加大对农村学校和城镇薄弱学校的投入,切实改善农村学校和城镇薄弱学校的办学条件。2006年新修订的《中华人民共和国义务教育法》出台了“经费省级统筹,管理以县为主”的义务教育财政制度,使管理权和经费投入主体有所分离。义务教育经费由省级统筹有利于缓解农村义务教育办学经费不足的现象。

第二,出台专门的农村义务教育经费保障政策。2001年,教育部、财政部、农业部联合颁发了《关于继续做好农村教育费附加征收管理工作的通知》，取消包括农村教育费附加在内的“三提五统”，对因税费改革而减少的教育经费，地方人民政府应在改革后的财政预算和上级转移支付资金中优先安排，确保当地农村义务教育投入不低于农村税费改革前的水平。同年，出台“两免一补”政策，即国家对农村义务教育阶段贫困家庭学生实施免教科书费、免杂费、补助寄宿生生活费政策，着力解决农村义务教育阶段贫困家庭学生上学难问题，让每一个适龄儿童都能够接受义务教育。

2003 年，《国务院关于进一步加强农村教育工作的决定》提出了“各级政府要认真落实中央关于新增教育经费主要用于农村”的要求。2005 年国务院出台的《关于深化农村义务教育经费保障机制改革的通知》对农村义务教育经费保障作出了专门的政策设计。通知清晰分析了我国农村义务教育经费保障机制存在的问题，如“各级政府投入责任不明确、经费供需矛盾比较突出、教育资源配置不尽合理、农民教育负担较重等”，并指出了解决制约农村义务教育发展的经费投入等问题的关键点，即理顺机制，其具体政策措施为明确各级责任、中央地方共担、加大财政投入、提高保障水平、分步组织实施；逐步将农村义务教育全面纳入公共财政保障范围，建立中央和地方分项目、按比例分担的农村义务教育经费保障机制；中央重点支持中西部地区，适当兼顾东部部分贫困地区。

为了使农村义务教育经费足额到位，2006 年财政部、教育部联合印发的《农村义务教育经费保障机制改革中央专项资金支付管理暂行办法》对中央转移支付制度进行了规范，规定中央财政负担的免费教科书资金、免杂费补助资金、公用经费补助资金、校舍维修改造资金等中央专项资金纳入国库集中支付管理。这一机制实际上形成了农村义务教育中央专项资金“国库集中支付—省级财政—收款人或县级财政—收款人或学校”的经费流转方式。2007 年发布的《教育部财政部关于全面实施农村义务教育教科书免费提供和做好部分教科书循环使用工作的意见》对免费教科书政府采购、地方政府足额落实地方课程免费教材资金、加强省级教育行政部门对教材选用工作的统筹领导并规范选用程序等方面进行了规定。

2015年国务院印发的《关于进一步完善城乡义务教育经费保障机制的通知》进一步整合农村义务教育经费保障机制和城市义务教育奖补政策，建立城乡统一、重在农村的义务教育经费保障机制。通知中有关农村义务教育经费保障的政策主要包含以下各项：统一城乡义务教育“两免一补”政策；统一城乡义务教育学校生均公用经费基准定额；巩固完善农村地区义务教育学校校舍安全保障长效机制；巩固落实城乡义务教育教师工资政策。[①]

第三，出台针对边境地区义务教育经费保障的政策方案。由于边境地区与民族地区有一定重合，边境地区也同样适用有关民族教育发展的政策措施。通过政策倾斜的方式，对历史欠账较多的民族地区教育发展予以支持，是中国特色社会主义教育制度的特点之一。1951年，第一次全国民族教育会议修正通过了《关于加强少数民族教育工作的指示》《关于建立少数民族教育行政机构的决定》《培养少数民族师资试行方案》《少数民族学生待遇暂行办法》等四个文件草案，对民族地区教育经费给予特别安排，即各地人民政府除按一般标准拨给少数民族地区教育经费外，另拨专款，帮助少数民族学校解决设施设备、教师待遇、学生生活等方面的实际困难。

改革开放后，民族教育专项资金设立，国家对民族地区教育经费的保障力度加大。1981年召开的第三次全国民族教育会议明确提出，应从国家预算中列有的支援经济不发达地区发展资金及少数民族地区事业补助费、边境地区事业补助费和基建补助费等中拿出一部分用于教育事业。1984年颁布的《中华人民共和国民族区域自治法》强调民族自治地方的自治机关可以为少数民族牧区和

---

① 国务院决定从2016年起进一步完善城乡义务教育经费保障机制的通知[EB/OL].(2015-12-07)[2021-05-19]. http://www.moe.gov.cn/jyb_xwfb/gzdt_gzdt/s5987/201512/t20151207_223378.html.

经济困难、居住分散的少数民族山区设立以寄宿为主和助学金为主的公办民族小学和民族中学。1997年，国家设立义务教育“人民助学金”，通过专款专用，重点扶持，改善少数民族地区的办学条件。1998年出台的《关于进一步加强贫困地区、民族地区女童教育工作的十条意见》对贫困地区女童教育工作给予专项扶持。2015年颁布的《国务院关于加快发展民族教育的决定》指出，中央财政针对民族地区特殊情况加大一般性转移支付和教育专项转移支付力度。2021年教育部进一步加强民族教育专项资金的管理，专项资金集中用于教育教学资源配置、教育质量监测、师资培训、教育教学研究等方面。

在上述政策的支持下，边境地区义务教育经费得到了有效保障，较大程度改善了教育经费投入不足、基本办学条件差等历史遗留问题，推动了边境地区义务教育城乡均衡发展的进程。

（二）乡村地区义务教育阶段师资补充机制

乡村教师建设是提升乡村教育质量、推进义务教育城乡均衡发展的重要因素。教师是教育教学活动的主体，保证学生身心健康全面发展的前提性因素，只有缩小城乡师资差距，才有可能让居住在乡村的孩子接受公平和有质量的教育。

我国乡村地区义务教育阶段师资补充机制主要以“定向就业”为主，特岗教师、免费师范生、公费师范生等是“定向就业”的主要形式。

第一，为农村义务教育阶段学校教师特设岗位，通过公开招聘吸引高校毕业生到西部地区“两基”攻坚县县以下农村学校任教。特岗教师的核心特点是带岗带薪、服务基层、允许转岗、提供深造渠道，即用人单位在核定的编制总额内招聘特设岗位教师；3年聘期视同“农村学校教育硕士师资培养计划”要求的3年基层教学实践；特岗教师计划与“农村学校教育硕士师资培养计划”相结合,符合相应条件要求的特设岗位教师,可按规定推荐免试攻读教育硕士。特岗教师计划在解决农村教师结构性矛盾突出、教师胜任力不高等现实问题的同时,也在一定程度上缓解了高校毕业生就业困难的问题。辽宁省全面实施“农村义务教育阶段学校教师特岗计划”,2012 年以来全省共招录特岗教师 1.4 万余名,全部充实到农村教学一线。

第二,从师资培养源头入手,利用免费师范生、公费师范生、定向师范生政策为乡村地区中小学培养优秀师资。公费师范生和免费师范生政策的实质相同,均是为乡村地区培养、输送优质师资,但在具体要求上有所区别。免费师范生的特点有三个:免费,即学生在校学习期间免除学费、住宿费,并发放生活费,这些经费由中央财政安排;录取方式上为“提前录取”,择优选才,即部属师范大学师范专业实行提前批次录取,择优选拔热爱教育事业,有志于长期从教、终身从教的优秀高中毕业生;毕业去向为上“服务基层”,即免费师范生入学前与学校和生源所在地省级教育行政部门签订协议,承诺毕业后从事中小学教育十年以上,到城镇学校工作的免费师范毕业生,应先到农村义务教育学校任教服务两年。公费师范生政策是在免费师范生政策的基础上,拓宽了毕业生服务范围,并缩短了任教服务年限。定向师范生政策是由地方政府实施的解决农村尤其是偏远艰苦地区义务教育阶段教师资源紧缺问题的定向培养师资的政策措。由地方政府出资,以本省(区)的师范院校为主,面向本省(区)高中毕业生定向招生、定向培养、定向就业,通常要求“本县报本县”,毕业生回到生源地乡村学校任教。定向师范生政策是立足本地,培养一专多能的本土化教师的有效政策。

除了以“定向就业”的方式向乡村地区输送优秀师资外,对乡村教师全面保障是吸引教师流向乡村地区、鼓励教师在乡村稳定从教的重要政策举措。全面保障型政策体系是对乡村教师专业发展、职务职称评聘、福利待遇等各方面的倾斜,通过系列的政策优惠解决乡村教师在乡村从教的后顾之忧,鼓励教师长期在乡村任教。如2015年由国务院办公厅印发的《乡村教师支持计划(2015—2020年)》向全国乡村教师队伍建设作出了系统安排。《乡村教师支持计划(2015—2020年)》提出了师资队伍建设的四个基本原则,即坚持师德为先,以德化人;规模适当,结构合理;提升质量,提高待遇;改革机制,激发活力。并明确了八个方面的主要举措,即全面提高乡村教师思想政治品质素质和师德水平;拓展乡村教师补充渠道;提高乡村教师生活待遇;统一城乡教职工编制标准;职称(职务)评聘向乡村学校倾斜;推动城镇优秀教师向乡村学校流动;全面提升乡村教师能力素质;建立乡村教师荣誉制度。在全国《乡村教师支持计划》的统一安排下,各省也进一步细化本省(区)的政策方面,加大对乡村教师福利待遇的保障。辽宁省出台了《关于在我省实行农村教师差别化补助政策的实施意见》,年人均补助金额不低于3600元,受益教师10万余人。

(三)教育对口支援

教育对口支援是较为典型的外援式师资输入方式。外援式师资输入主要是委派其他地区的教师到乡村地区任教,增强乡村地区的师资力量。

1956年教育部出台《关于内地支援边疆地区小学师资问题的通知》,提出从1956年起加大中等师范招生比例,培养边疆民族地区所需师资。1979年教育部、财政部等部门联合出台《关于边境县(旗)、市中小学民办教师转公办教师的通知》,将民族地区约8万余名民办教师经考核转为公办教师。2012年,教育部、中央组织部、财政部、人力资源社会保障部、国务院扶贫办等五部门出台了《关于印发＜边远贫困地区、边疆民族地区和革命老区人才支持计划教师专项计划实施方案＞的通知》(教民〔2012〕6号),由中央财政支持数万名教师到“三区”支教。根据教育部发布的通知,2020—2021学年全国计划选派22 842名教师,支援边远贫困地区、边疆民族地区和革命老区,其中义务教育阶段计划选派

21 635 名，以全日制工作形式为受援地提供服务，时间为 1 年，鼓励延长支教时间或留任工作。① 2017 年，教育部、国家发展改革委、财政部、人力资源社会保障部联合发布了《关于印发 <援藏援疆万名教师支教计划实施方案> 的通知》（教师〔2017〕14 号），提出每年从内地学校选派一批优秀教师（包含专任教师和教育管理人员）赴西藏、新疆支教。原则上以对口援藏援疆省市学校为主体，以理科教师为主、兼顾其他学科。以中学教师为主、兼顾小学学段，每 10 ~ 20 名教师组成 1 个工作小组，鼓励组团支援 1 所学校。这些政策均是对教育对口支援的持续关注。2018 年秋季，教育部正式启动“援藏援疆万名教师支教计划”，首批 3180 名援疆支教教师于 2018 年秋季学期到位。

（四）农村中小学现代远程教育工程

推行教育信息化是打破教育教学资源空间限制、推动义务教育城乡均衡发展的一条捷径。长期以来，乡村中小学教育信息化水平偏低，这在一定程度上制约了乡村教育的发展。国家实施农村中小学现代远程教育工程（以下简称“农远工程”）为城乡义务教育均衡发展创造了条件。

2003 年教育部、国家发展和改革委员会、财政部共同实施了“农远工程”，历时 5 年完成。“农远工程”构建了一个惠及全国农村中小学的远程教育网络，采取边建设、边应用、边验收的方式，使现代远程设备尽快应用于教育实践中，发挥出教育信息化手段共享优质教育资源、提升乡村教育质量的作用。“农远工程”主要解决三方面的问题。

第一，解决农村中小学教育教学资源不足的问题，通过教育信息化手段将优质教育资源推向农村中小学。以小班教学为主的教学光盘资源覆盖农村小

① 2020—2021 学年全国拟派 22842 名教师支教[N]. 人民日报，2020 - 06 - 11(7).

学所有年级和学科，并为农村初中提供名师名课、示范课、教学实验、教学素材等教学资源，教学多媒体资源覆盖初中9个学科和小学8个学科，共4129学时。视频资源覆盖初中11个学科和小学7个学科，并有大量专题教育（安全教育、健康教育等）和学科实验等资源，共2099学时，教学素材资源共计7692条。针对农村教学点、农村中小学的教学实际，免费发放教学光盘，缓解农村学校师资力量不足或师资力量薄弱的问题。许多农村小学和教学点利用教学光盘播放设备开设了过去没有条件开设的英语、音乐、美术等课程。发挥中国教育卫星宽带网传输平台快速、大面积、大容量传输优质教育资源的特点，将优势教育资源通过中国教育卫星宽带网传输平台按照教学进度每周向农村中小学免费发送，极大地丰富了农村中小学的教学内容，亦使教学方式更加多样化。开设信息技术课程，发挥信息设备和资源的优势，为农村中小学生在信息化环境下进行创新活动创造条件。

第二，解决农村师资队伍专业能力不足的问题，培训一支初步掌握远程教育应用技能的农村教师队伍。“农远工程”将教育信息应用能力纳入教师培训体系，国家级培训采取集中培训和送培下乡相结合、培训骨干教师培训和全员培训相结合、面对面培训和远程培训相结合的方式，把培训送到县、送到乡、送到项目学校。

第三，解决教育信息化设施设备应用不足的问题，初步建立远程教育支持服务体系，有效支持工程设备的正常运转。农村教育信息化的瓶颈在于设备配置不齐全以及有了设备不会用两个层面。“农远工程”建立一支技术支持队伍和技术骨干队伍，加强对技术人员的培训，每所学校有一到两名“明白人”，保证设备正常运转和教学工作的正常开展。

工程的实施使农村中小学生得以共享优质教育资源，使农村中小学的信息化条件得到明显改善，推动了基础教育的变革与创新，缩小了城乡之间的教育发展差距，促进了地区间、城乡间义务教育的均衡发展。除直接应用于学生教育教学外,“农远工程”所搭建的远程教育平台在学校专题教育、教师培训和学校管理培训方面发挥着愈来愈大的作用,形成了一个直通农村基层学校的快速信息传输渠道。①

四、教育目标选择:培养社会主义事业建设者和接班人

中国特色社会主义教育事业是面向大众的教育,是为人民服务的教育。这就决定了义务教育优质均衡发展的目标是让城市和乡村的教育对象都能受到同等质量的教育,都能成长为社会主义事业建设者和接班人。城乡义务教育优质均衡发展的目标就是从源头上为所有适龄儿童提供平等的受教育机会,通过补偿式的手段,提升乡村教育质量与水平,促进每个人成为中国特色社会主义事业的合格建设者和可靠接班人,发挥出教育发现人、培养人的本体作用,并发挥出教育服务社会的功能。

(一)以立德树人为根本任务

城乡义务教育均应坚持立德树人的根本任务,不放松对学生思想品德的培育。德才兼备是我国对人才评价的两个重要方面,品德是衡量人才培养效果的第一标准。立德树人根本任务要求学校不仅要开设各类学科课程传授知识,培养学生的学习能力和实践能力,而且要高度重视学生的思想品德教育,引导学生形成正确的人生观、世界观、价值观,并在教育教学过程中弘扬社会主义核心

① 同在蓝天下,共享优质教育资源:全国农村中小学现代远程教育工程介绍[EB/OL].(2007-11-30)[2021-05-20].http://www.moe.gov.cn/jyb_xwfb/xw_fbh/moe_2069/moe_2095/moe_2100/moe_1851/tnull_29185.html.

价值观，传承中华文化，增进“五个认同”，牢固树立民族团结进步意识，铸牢中华民族共同体意识。

《国家中长期教育改革和发展规划纲要（2010—2020年）》针对立德树人作出全面规划，要求坚持德育为先，把社会主义核心价值体系融入国民教育全过程，重视理想信念、民族精神、时代精神、爱国情感、改革创新精神、社会主义荣辱观、团结互助、诚实守信、遵纪守法、艰苦奋斗、公民意识、社会主义民主法治、自由平等、公平正义理念等诸多领域的教育，并把德育渗透于教育教学的各个环节，贯穿于学校教育、家庭教育和社会教育的各方面。①

边境地区中小学应高度重视铸牢中华民族共同体意识的教育，培育和践行社会主义核心价值观，引导边境地区青少年了解中国特色社会主义制度优越性，使他们拥护中国共产党、拥护社会主义制度，成为社会主义事业的建设者和接班人。乡村中小学还应加大力度传播健康文明生活风尚、弘扬文明社会风气，让学生养成文明生活习惯。

同时，边境地区中小学通过适宜的教学方式，使中华民族共同体意识、社会主义核心价值观深埋在学生心中，融入他们的血液，成为他们的自觉行动。这些举措除了对学生起到直接的教育作用之外，还具有间接辐射、影响家庭与社会的作用。学校教育对学生品德的培养，建立起社会主流文化、价值观的传播链，进而逐渐形成“学校—学生—家长—社会”的辐射链，在一定程度上促进社会风尚的形成，促进边境地区社会主义核心价值观的弘扬。

（二）打通人才成长成才的通道

无论城市还是乡村，教育都应致力于学生成长成才，成为促进学生发展的

① 国家中长期教育改革和发展规划纲要[N].人民日报，2010-03-01(5).

有效途径。促进学生发展一方面是帮助学生顺利接受各学段教育，向更高级教育阶段迈进；另一方面是让学生将学习与社会分工相结合，帮助学生追求更美好的生活，实现人生价值。为乡村学生创造成长成才的平台和通道，促进乡村学生发展是边境地区义务教育优质均衡发展的应有之义。

第一，搭建适龄儿童就读的教育平台，让在城市生活的进城务工人员子女和留守乡村的适龄儿童都能享有受教育的权利。2021 年教育部工作要点特别突出保障进城务工人员随迁子女平等接受义务教育与推动建立健全农村留守儿童关爱服务体系，这都体现了义务教育优质均衡发展的深层含义。“以输入地政府管理为主、以全日制公办中小学为主”的两为主政策是进城务工人员随迁子女接受义务教育的主要办法，同时规范进城务工农民子女学校办学，让所有建设城市的进城务工人员随迁子女享有与城市适龄儿童同等的待遇。对于留守在乡村的适龄儿童，加大关心爱护的力度，在加快农村学校建设的同时，建立农村留守儿童关爱机制，对他们的生活、学习、思想状态进行动态监测，为他们提供安心学习的环境。

第二，调整义务教育阶段招生方式，避免应试教育重心下移。城乡义务教育阶段小学入学、小升初、中考改革具有导向作用，与义务教育的优质均衡发展密切相关。如坚持小学入学就近入学，治理择校乱象，出台《教育部关于进一步做好小学升入初中免试就近入学工作的实施意见》《教育部办公厅关于进一步做好重点大城市义务教育免试就近入学工作的通知》等，明确要求在招生入学等方面采取切实举措，标本兼治，破解择校难题。从源头上，应提高乡村中小学办学质量，持续改善基本办学条件，推动乡村中小学标准化建设，积极探索中小学教师县管校聘，使教师可以在县域范围内合理交流，为招生入学制度改革提供条件。

第三，改革创新人才培养模式，促进城乡适龄儿童健康成长。深化课程教学改革，在乡村中小学开齐、开足国家课程；开发适合当地实际情况的校本课程；将思想品德教育渗透在语文、历史等多学科，并贯穿于教育教学全过程中，提高德育的实效性；优化学生评价体系，对学生的学习过程、思想状态及时评价、反馈；为乡村地区的学生提供更多的社会实践机会，让他们在社会实践中锻炼各方面的能力，增强社会责任感。

（三）提升学生的综合素质

提升学生的综合素质要求城乡教育回归教育的本质，从升学率的竞争中走出来，使学生在教育过程中身心得到全面发展。培育学生的综合素质是从根本上提高乡村学生融入社会的能力。

综合素质培育开展情况亦是评价中小学办学质量的一个重要指标。通常情况下，办学条件较好、办学质量较高的中小学，对学生综合素质的培育更加重视，各种教育手段更加丰富。那些办学特色鲜明、文体活动丰富的乡村中小学，多数是办学条件较为优越的学校。学校能够开设丰富的第二课堂，组织丰富的教育活动，学生才有机会接触多方面的知识，培养各方面的能力，否则学生就只能进行盯着黑板看、围着课本转的被动学习，综合素质提高也无从谈起。

综合素质培育为义务教育优质均衡发展提出了更高的要求。这要求乡村中小学在完成基本办学条件改善的基础上，转向软实力的发展，只有更新教师观念、提高教师专业素养、丰富教育资源，才能为学生综合素质的培育创造前提条件。在乡村教育发展方向上，应突出质量导向，重视区域性课程教学改革、特色学校建设、教育质量监测评估等工作，提升育人质量。

首先，边境地区各教育相关主体正在努力转变思路、更新教育观念。乡村教育质量要进一步提高，就需要多主体在观念上不断转变。目前，有一些教师已经意识到，在完成学科教学的同时，要充分挖掘本地乡土资源，全方位育人；一些家长也意识到不能只盯着孩子考了多少分，学业成绩、升学率不是评判教育质量的唯一标准。乡村中小学应被建设成让学生学习知识、练就本领、培养情操、健康生活、快乐成长的家园。

其次，边境地区对提升乡村教师胜任力有所重视。培育学生的综合素质对乡村中小学教师提出了更高的要求。教师在课堂上照本宣科、课后布置考察基础知识掌握情况的作业，并不能适应培育综合素质的要求。综合素质的培育贯穿于育人各环节与全过程，对教师的自主性提出了较高的要求，需要教师关注教育的时机、组织教育教学内容、选择教育方式，需要重构师生关系，在融洽的氛围中发现学生的兴趣、引导学生的关注点、教会学生发现问题解决问题的方法。边境乡村地区的教师培训也更加强调教学方法的多样性、师生互动的重要性。

同时，综合素质培育需要丰富的教育资源，需要学生走出课堂与学校，在广阔的社会实践中汲取营养，在图书馆、青少年活动室、博物馆等各种场所获得知情意行的多重体验。边境乡村地区中小学也一直致力于丰富教育教学形式，挖掘、利用更多教育资源，为学生创造更多实践机会。

第五章

边境地区义务教育优质均衡发展的关键问题

优质均衡并不是低水平的平均主义,而是有质量的发展状态。边境乡村地区站在义务教育基本均衡发展的历史起点上,教育公平向纵深发展,由宏观公平走向学校、课程、教学等微观公平,由硬件公平走向软件公平,由资源公平走向体制、理念公平。教育公平越向纵深发展,就越需要触及教育制度的根本问题,越需要对新问题保持高度的敏锐。边境乡村地区义务教育除了发展质量有待提高之外,也面临着一些新问题,如:教育信息化过程中的数字鸿沟问题、家校合作问题、软实力差距问题等。在乡村振兴战略的推进过程中,边境地区需要采取多种措施进一步破解以往的历史难题,并在学生教育需求更加多样化、教育内外部环境日益复杂化、教育对外交流日趋频繁的现实情况下,逐步提升育人能力与教育治理能力,促进边境地区义务教育高质量、公平发展,不断增强教育服务社会的功能。

边境地区义务教育优质均衡发展已经站在硬件条件已得到基本保障的基准线上,但面对新的发展局面,也会遇到一些新问题。在新时代,谋划边境地区义务教育的发展,就需要把握优质均衡发展的内涵,理清边境地区义务教育政策规划过程中的核心问题,从总体上做好优质均衡发展的谋划,理顺“政策问题确认—政策目标达成—政策价值平衡—政策议程启动”之间的关系。

一、现实问题聚焦:边境地区义务教育优质均衡发展的政策目标清单

各项教育政策在制定过程中应对边境地区义务教育的功能定位、发展战略、教育内容与形式进行充分系统思考,跳出就解决某个具体问题“对症治疗”的思维误区,加强规划意识与规划思维,通盘统筹边境地区义务教育发展的定位与现实状况。边境地区义务教育政策制定的过程中要注意“事先规划”与“当机立断”相结合,尤其重视未雨绸缪,有效提升教育政策的治理效能。决策者在对边境地区义务教育发展过程中的现实问题进行分析时,不仅应形成较为清晰的感性认识,而且要对这些现实问题理性认知,梳理出实现边境地区义务教育优质均衡发展的政策目标清单,加强规划意识,对边境地区义务教育整体发展统筹规划。以下三类关键问题须得到教育政策规划主体的高度重视。

(一)教育信息化过程中的数字鸿沟问题

在教育信息化不断发展的形势下,数字方式成为弥补教育资源配置不均衡的一种有效方法,有助于逐渐实现优质教育资源共享。但教育信息化同样是一把双刃剑。在教育信息化手段为教育教学带来便利,融入课堂教学时,其软硬

件门槛有可能形成地区间、校际间、人群间的数字鸿沟。教育政策规划应警惕数字鸿沟的出现以及由此带来的城乡义务教育发展不均衡的风险。

教育信息化所带来的学习革命、教育资源共享，需要以硬件设备为支撑。配套的设备、互联网的接入是前提，这就要求边境乡村中小学配齐多媒体等相关信息化设备。经过多年的努力，边境地区乡村中小学的硬件水平已得到极大提升，但不可否认的是，纵向水平的大幅提升并不能掩盖横向对比的差距，从城市中心地带向边远乡村地区确实存在着教育信息化设备配置由强到弱的差别。在各项政策的推动下，边境地区有很多新建学校教育信息化设备基本更新到了较高的水平，甚至达到了发达地区的设备配置水平，但仍有部分边境地区乡村中小学设备配置水平与教育信息化的要求不相匹配。同时，边境乡村地区地形较为复杂，互联网的接入难度较大，且信号不太稳定。此外，边境乡村地区中小学教育信息化设备不能定期维护、更新换代亦是制约信息化手段应用的又一障碍。不少学校设备配置到位了，但是维护、更新跟不上，导致设备老化。

在硬件基本满足的前提下，教育信息手段的运用、教育资源的共享缺乏有力的技术支持。边境地区中小学教师运用信息化设备的意识不够强烈，有些教师觉得多媒体设备操作麻烦，用起来不方便，认为“用一根粉笔把课讲好，才是真本事。各种多媒体设备花里胡哨容易分散学生的注意力，反倒使学生注意力不集中”。还有一些教师不会操作多媒体设备，比如教师们对信息化设备多有抱怨：“电脑总是不听话”“投影仪和电脑连不上、不显示画面”；有的教师不会制作电子课件、视频短片等，运用信息化教育教学手段的能力偏低。如此一来，教育信息设备的优势发挥不出来，无法成为提高教学效果的有效手段。同时，过犹不及，有的教师过分依赖教育信息设备，甚至用教师示范课的示范资料代替自己上课。如在听课中发现有的教师打开示范课的视频，告诉学生“今天老师和你们一起来上一堂课，我们一起听听其他老师是怎么上课的”，然后教师坐在教室最后一排，拿出听课记录本做记录。但是示范课的视频画面较小，例题呈现字号很小，视频中授课人的声音也很小，学生表示“看不清楚，也听不清楚”。而教师认为“示范课是城里水平比较高的老师录好的课，比我自己讲得好，让学生听听好老师的课”。事实上，好老师的课应该由教师本人自己先学习，吸取好的经验融进自己的课堂，呈现给学生，才能让学生听得清楚、看得明白。虽然是好老师的课，学生看不清、听不清，教学效果仍然不理想，好老师的课也发挥不了作用。

义务教育阶段的学生的特点，也在很大程度上限制了教育信息化应用的效果。电脑、手机等电子设备，在发挥其海量信息、大数据测算、生动活泼等优点的同时，也会给自控能力较差且监督不力的低龄儿童带来一定的困扰。一些中小学生学习习惯不佳，学习积极性较弱，往往把电子设备当玩具，轻则浪费了时间，影响学习成绩，重则受到不良信息诱惑，影响身心健康。

教育信息化无疑为思想观念活跃、掌握了新技术的教师插上了翅膀，使优质教育资源的获得打破了空间限制、教育素材的获取更加方便快捷、同行之间的交流畅通无阻。但对于驾驭信息技术能力偏低的教师来讲，反而被教育信息化所累，教育信息化的优势也未能充分发挥。

（二）线上学习等新方式对家校合作提出更高要求

上好线上课，需要学生、教师、家长的紧密配合，设备好不好用、网络是否畅通，学生学习习惯好不好、学习自觉性高不高、学习方法对不对，教师线上教学内容组织得好不好，家长关注度够不够等因素都会影响线上课的教学效果。不同的学生上线下课会出现学习效果的差别，有的学生能够较好地参与线上教学，认真完成学习任务，有针对性地学习，取得了更大进步，有的学生则出现了相反的情况。从某种程度上来说，线上教学由于不是师生面对面交流，对教学内容、教学方式、家校合作等提出了更高要求，特别是对低年级的学生来说，线上课设计要更加合理、教师对学生的作业要求要更加清晰、家长也要给予更大支持与配合。

在线上教育带来更多优质教育资源的同时，我们也要正视线上教育过程中遇到的技术问题、家校合作问题。关于线上教学遇到的实际困难，教师在访谈中表示“录播课看不到孩子的反应，总是担心孩子是不是在认真学，还是边听边玩儿，甚至是没听光顾着玩儿，也特别需要家长适时督促”；家长表示“最害怕的情况有两种，一种是上课卡壳，出现一些操作问题，另一种就是辅导作业，在学校有老师管，孩子还能听，家长管孩子很难管，一些实践类的作业在家也做不好，孩子可能就不做了”。可见，线上学习等教育教学形式的广泛应用、智能化的学习方式使边境地区教育教学改革和家校合作面临更大的挑战。

教师不仅要重视教学的组织，而且应更多考虑和家长的沟通交流，通过家长会、个别谈话等方式，向家长介绍线上教学的计划，制作清晰明了的操作手册，交代清楚课程表上每门学科的线上资源获取方式，并辅导家长如何有效地监督孩子，对于实践类作业，应发送指导方案。家长应就学习中孩子出现的问题及时主动地与教师沟通，如孩子在上课过程中对哪些内容的理解较困难、哪些作业不会做等，并就自己的一些想法与教师探讨，逐步了解学校线上教学的情况与学校的教育理念。因此，在线上教学过程中的家校合作不是一场家长会就可以解决全部问题的，需要更加灵活多样的家校合作方式，促进家长与教师同向而行。在家校合作的过程中，家长与教师的有效沟通，既有利于保证线上教学效果，又有利于提高家长的信息素养，更新家长的教育观念，调整教师的教学安排，提高教师的专业能力。

（三）软实力差距导致义务教育优质均衡发展受限

边境地区义务教育硬件设施通过倾斜的教育政策扶持得到了极大改善，但在短时间内软实力的提升仍面临一些现实困难。软实力的差距不仅长期制约着边境地区义务教育的发展,而且制约着教育综合改革的成效。特别是在智能时代,新型教育教学手段的出现与大范围推广对软实力提出了更高要求。

第一,教育理念是软实力的核心,决定着教育主体对边境地区义务教育优质均衡发展的价值选择。目前,不少地区对高质量教育的认识主要集中在较高的学习成绩上,孩子的考分仍然是衡量办学质量的重要指标。很多高中对高考升学率非常重视,高考升学率仍被作为学校的第一目标。这就导致对升学率的追求向下延伸,初中和小学也会出现明显的应试倾向。将高升学率与高质量画等号,那么就可能会出现一系列迎合应试教育的政策安排,在学校管理、教育教学、教师教研等方面也有可能出现围着"高考指挥棒"转的现象,从而影响教育均衡发展。

第二,教师队伍、教研队伍、管理队伍是软实力的决定性因素,决定教书育人的实效,以及边境地区义务教育相关教育政策规划的执行成效。教师队伍、教研队伍、管理队伍是重要的人力资源,是推动边境地区义务教育优质均衡发展的主体。教师素质的高低、教育教学胜任力的高低直接决定教学计划能在多大程度上得以落实。教研员是教师教育教学能力提升的重要帮手,能对教师的教学给予有效指导,帮助教师诊断问题、科学改进,教研员水平、能力高不高直接决定教师的发展空间大不大。管理人员是学校各项规章制度的制定者,是教师专业发展的保障者,管理人员的素质直接决定区域和学校教育政策的设计与执行。通过实施各项专项工程,边境地区硬件条件得到了极大改善,但人力资源队伍在短期内仍处于相对薄弱的状态,制约着边境乡村地区义务教育的发展。

第三,制度保障与组织保障是软实力提升的重要条件,直接决定边境地区义务教育优质均衡发展的路径。面对乡村振兴战略的实施,边境地区需要继续优化政策以破解各种现实问题,例如,义务教育经费不足、教师职业吸引力不足、教师职后专业发展乏力、教育教学资源配置不足、教研体系不完备等问题，都需要通过政策的优化得到解决。

（四）立德树人任务艰巨性对教师专业能力提出更高要求

从个体发展的角度而言，“德”是一个人的灵魂，一个全面发展的人首先是品德端正的人；从社会需求的角度而言，实施乡村振兴战略与实现中华民族伟大复兴的中国梦都需要品行端正的人。因此，立德树人应贯穿边境地区教育教学活动的全过程。

第一，边境地区的中小学教师在学生成长过程中扮演着极为重要的角色，应发挥出重要的育人功能。由于地理条件的限制，许多边境乡村地区群众居住较为分散，为方便就学，边境乡村地区寄宿制中小学较多，学生生活在学校、学习在学校、成长在学校，与教师朝夕相处。而且边境乡村地区许多寄宿制中小学的学生由于上学路途较为遥远，多是连续上课两周才休息回家，这样学生与教师相处的时间就更被延长。如果教师只将自己定位为教书匠或生活保育员，那么对学生的思想品德培养就会被削弱。在乡村振兴战略的推动下，边境乡村中小学教师应高度重视立德树人，将教书育人紧密结合在一起，使教育的工具理性与价值理性有机融合，争做影响学生品行的“大先生”。

第二，边境地区中小学在思想品德教育方面应更注重内容的多样性。边境地区是我国与毗邻国家交流的窗口，边民在日常生活中必然会遇到与其他民族交往、交流、交融的问题，遇到与毗邻国家来华人员的交流沟通问题，特别是在“一带一路”建设推动过程中，我国边境地区与周边国家的教育文化交流更加频繁。因此在边境地区的德育中，除了传统的爱国主义、社会主义核心价值观、传统美德等德育内容之外，还应关注“五个认同”教育、民族团结进步教育、国防教育、国家安全观教育、国际文化理解教育等。边境地区的德育应以铸牢中华民族共同体意识为主线,凸显中华符号与中国精神,将个人思想品德习惯、社会公德、国家精神追求各个方面进行串联,以文化熏陶、历史传承、心理塑造等多种手段,使德育丰富化、立体化、系统化。

第三,边境地区中小学教师自身的思想觉悟及德育能力应持续提高。育人者应先接受教育,尤其是“国门德育”的特点要求边境地区中小学教师要提高德育能力,明确“教什么、怎么教”等问题。在访谈中,边境乡村地区中小学教师表示“日常教师培训中以教育理论、学科教学为主,专门的思想道德方面的培训内容较少。在教育教学中开展民族团结进步教育、铸牢中华民族共同体意识教育觉得比较困难,感觉这些内容比较抽象,一些理论、政策自己理解得不够深刻”“有的学生特别是低龄的孩子,理解‘五个认同’比较困难,教师也应通过培训掌握有效的教育方式”“教师自身也需要多学习提高,熟悉当前的最新理论、政策,并能有正确的认识”。这表明边境乡村地区中小学教师对“国门德育”非常重视,对于自身思想觉悟及德育能力的提高较为积极,主动性较高,大多数教师希望通过日常培训提升自身水平。教师存在的一些实际困惑也表明教师培训中应适当加入德育的相关内容,并加强德育课程的研讨,教会教师将显性教育与隐性教育结合起来,在学科课程中更好地融入德育内容,在教育实践活动中加强道德教育。

二、规划意识聚焦:各层级对政策目标形成统一认识

只有各层级均对政策目标形成统一认识,才有可能将政策目标纳入到政策议程中,并通过系列政策措施的安排将虚拟政策目标转化为现实政策目标。

（一）国家层面

目前，国家层面对边境地区义务教育的关注主要聚焦于弥补历史欠账、促进边境地区义务教育均衡发展，以区域教育政策规划的方式解决边境地区义务教育发展的实际问题等。国家级教育政策将政策目标定位为弥补差距、帮扶弱势群体、提升教育质量。围绕这一政策目标定位，进一步将教育资源均衡配置、教育脱贫攻坚、控辍保学等主要问题列为教育政策关注的重点内容，并出台了系列教育政策加以解决。由此，国家回应边境地区义务教育发展诉求的主要方法是以补偿的思路，将边境地区义务教育发展中的具体问题加以解决。同时，通过区域性教育政策加以强化。

《加快中西部教育发展行动计划（2016—2020 年）》《乡村教师支持计划》《关于深入推进义务教育均衡发展的意见》等教育政策规划，以及教育扶贫攻坚、薄弱校改造等专项项目，都为边境地区解决义务教育发展过程中的现实问题提供了方向性指导。国家也形成了边境地区义务教育政策规划以推进义务教育优质均衡发展、提升教师队伍质量、落实建档立卡学生资助为主要内容的政策安排。这些政策安排是促进边境地区义务教育发展的有效手段。

在乡村振兴战略背景下，站在义务教育城乡均衡发展基本通过国家验收的新起点上，国家级教育政策规划应进一步聚焦边境地区义务教育发展的实际困难，精准施策，将以往的外援式、补偿式为主的教育发展模式与激发内在动力、内涵式高质量发展模式紧密结合，高度关注教育外部因素的影响，将教育内外部因素相结合。教育在乡村振兴战略中处于基础性地位，而义务教育又是教育发展中的基础。边境地区是实施乡村振兴战略的重点地带，亦是实施难度较大的地带。边境地区面临着摆脱绝对贫困后的固脱防返任务，同时又担负着治理相对贫困，以及将教育脱贫攻坚与乡村振兴相衔接的任务。在这一转型期，势必需要制度、理念、秩序等多方面的改进与优化，优化顶层设计。只有优化顶层设计才有可能使制度框架进一步完善，才有可能探索出一条更加适应边境地区义务教育优质均衡发展的道路。

（二）地方层面

边境地区地方政府肩负着执行国家教育政策与根据国家政策制定符合地方实际的教育政策的双重使命。一方面地方政府需落实国家教育政策，将国家级教育政策规划转化为本区域的实际行动，将之细化、具体化、明确化；另一方面地方政府要行使再决策的权力，在吃透国家教育政策精神的基础上，出台符合本区域教育发展实际的地方性教育政策，从而积极响应国家有关边境地区义务教育的设想与政策安排。

地方政府对本区域义务教育发展过程中的现实问题具有更加清醒的认识，也具备了根据实践问题研判形势、商量解决办法的意识。虽然这种意识并没有以正式的教育政策规划或者是文件制度等文本方式体现出来，但是从地方政府的行动中可以反映出地方政府对边境特点的关注，以及谋划相应教育策略的意识。如控辍保学的若干地方尝试，逐级责任落实制度、教师负责制、一生一案等都是边境地区成功的经验。

与此同时，边境地区地方政府在制定地方教育政策方面又具有被动性，这就削弱了边境地区地方政府主动谋划的前瞻性。大多数情况下，边境地区地方政府都是在问题的倒逼下形成对某些实践问题的政策思路。

边境地区地方政府在教育政策规划方面应关注三个问题。

第一，地方教育政策的系统性与统筹性。应从边境地区义务教育发展定位出发，对各类教育问题加强研判，分析这些较为复杂、零散的具体问题之间的联系，并对解决方法即政策措施进行系统谋划。克服政策方案协调性不足、各项政策措施支持关系不够紧密的问题，保证教育政策方案有的放矢，政策措施较为精准且相互支持。

第二，地方教育政策的稳定性。很多情况下解决一个具体问题的方式，并不是以正规的政策文本来表达的，而多以领导讲话、经验推广等方法呈现，以鼓励倡导、学习借鉴为主要落实方式，由此基层政府相应的政策思路及政策方案设计就可能灵活性较强但稳定性不足。因此，保持地方教育政策的稳定性就显得尤为重要。

第三，教育政策的强制性与有效性。由于地方教育政策中的某些特色化政策方案，并不能照搬其他地区成熟的发展模式，而需要在实践中摸索与总结。因此，在特色化政策实行的过程中，可能会出现政策方案偏"软"的现象。出于诸多顾虑，政策规划制定者与执行者担心政策方案的合理性、担心强制性手段引发负面影响等。

在乡村振兴战略背景下，边境地区地方政府要不断加强再决策的意识，在坚持不越位的前提下，充分履职尽责，通过更加系统、协调、稳定、刚性的教育政策规划方法，创新性地解决边境地区义务教育发展中的实践困难。

（三）将专门的边境地区义务教育政策规划列入政策议程

目前，针对边境地区义务教育的规划散见于不同层级的教育政策规划中，由此面临边境特点不够突出、政策措施针对性不够明确等问题。出台专门的边境地区义务教育政策规划，将边境地区义务教育面临的实际困难全盘梳理，并对其发展路径作出系统谋划可有效解决上述问题。

谈及边境地区义务教育政策规划的必要性与可行性，国家级教育行政部门的受访者认为："边境地区义务教育发展在实践中确实面临着一些实际情况，的确需要全盘性考虑与规划。边境地区义务教育政策规划是一个综合体。"同时，也有受访者认为："应对边境地区义务教育发展加强政策引导，特别是对于一些现实困难，还是要有更加明确、专门的指导。"

在面向边境县教育行政管理人员的调查中，填答"您认为是否有必要出台边境地区义务教育政策规划?"一题时，99%的受访者答案为"有必要"并有99%的受访者认为"出台边境地区义务教育政策规划具有可行性"。受访者认为"在处理一些具体问题时，总会出现这样那样的情况，很多问题拿不准，最关键的是这些问题都是新问题，没有原先的经验可参考，也没有现成的规章制度可依据。如果有了专门的边境地区义务教育政策规划，处理具体问题就有了指导，即便没有操作性流程，也有了方向指引和总体原则。"同时，受访者还指出编制专门的边境地区义务教育政策规划时，应考虑制度设计与实际情况的契合性，以及可操作性等问题，尤其是要保持政策措施之间的协调性。

国家层面与地方层面对边境地区义务教育发展的重要性、对边境地区义务教育政策规划的重要性都有充分认识，对边境地区义务教育发展过程中呈现出来的特点与实际困难也有不同程度的理解。

在乡村振兴背景下，应加快制定专门的边境地区义务教育政策规划，形成从中央到地方的边境地区义务教育政策规划体系。通盘考虑边境地区义务教育的发展方向与定位、统筹全国的教育资源与人财物力，是国家层面教育政策规划的优势。国家层面决策者应从战略高度出发，将边境地区义务教育发展放置在国家教育发展的总布局中，做好方向性指导，形成科学合理的边境地区义务教育发展目标定位与发展思路。充分研判边境地区义务教育发展的实际困难，通过制度规范各种教育行为，有针对性地解决实际问题，是地方层面教育政策规划的优势。基层决策者对边境地区义务教育发展中的现实问题有较为全面的了解，更能把握教育政策的针对性、可行性，充分挖掘当地的教育资源，制定更加贴近民心、贴近教育发展实际的政策方案。

三、政策规划价值聚焦:发挥价值选择的方向引领功能

价值选择是政策规划的方向指引,政策规划中的政策方案设计都是在价值选择的指引下安排的。在边境地区义务教育政策规划中,要全面地分析现实情境中出现的多种情况,树立科学、积极、正面的价值导向,发挥价值选择对不良思想倾向的纠正作用;对于两难选择,作出尽可能周全的选择,通过增加制度安排的灵活性,在不同条件下满足多样化的诉求,尽可能走出两难境地。

(一)避免价值选择与事实的偏离

目前边境地区义务教育学校的办学条件、师资配备、教育教学质量等各方面都有了很大改善,现实中的突出问题也得到了有效解决,但由于历史问题的积累,一些顽固性的老问题仍需要进一步破解,且在发展过程中又会呈现出更多新的表现形式,甚至出现新的问题。解决实践问题,首先就要尽可能地基于事实作出正确价值判断。

坚持教育优先发展、保障每一个适龄儿童平等接受教育的权利,是教育发展的基本价值取向。从某种程度上来说,在某些情况下保障适龄儿童教育机会公平必须通过法定形式,以强制手段加以保障。这一价值取向的确立对于部分家长不重视教育、部分学生厌学的错误思想具有重要的引导作用。部分家长并没有将子女受教育作为大事,对子女受教育不太关心,对子女的厌学情绪束手无策,甚至默认子女的辍学行为。在教育脱贫攻坚任务完成之前,控辍保学清零工作一直都有较大压力。随着义务教育"两免一补"、建档立卡贫困家庭子女助学资助等系列政策出台,因贫辍学基本消失,同时,由于控辍保学力度的不断

升级，主观因素辍学现象也已基本消除，但主观原因造成的随意离校现象仍旧存在。边境地区义务教育政策规划应充分估计到某些学生厌学情绪较为严重的事实、某些家长及学生对教育重视程度不足的思想状态，正视学生逃学的现象，将巩固控辍保学成果的重点放在提高学生学习积极性、引导学生克服厌学情绪上，让被劝返的学生坐得住、学得好。

[案情回放]

怒江州义务教育控辍保学“官告民”

53户家长未依法履行职责被告上法庭

云南日报讯（记者 陈晓波）2019年6月4日，兰坪白族普米族自治县人民法院营盘法庭依法公开审理了营盘中学七年级学生陈某辍学案，履行义务教育职责管理的营盘镇镇政府依法对陈某的监护人提起诉讼，原告与被告当庭达成调解协议，被告人保证于6月17日送孩子回校接受义务教育。这样的事例，在怒江傈僳族自治州并不鲜见，目前全州已有53户家长或监护人因未履行法定职责而惹上官司。

截至目前，全州累计送达起诉书76件，受理53件，审结24件，未审结29件。在已审结的24件中，13件通过劝返后，监护人同意送子女返校而撤诉；8件通过调解方式结案；2件通过判决方式结案；1件因孩子已经入学，未移交强制执行。在未结的29件案件中，通过法院和相关部门劝返，有5件因学生已重返校园准备撤诉，还有部分学生家长收到应诉通知后立即送子女入学，控辍保学“官告民”机制彰显出法律应有的作用。

案例来源：《云南日报》（2019年7月15日第3版）（有删减）

[案例分析]

“官告民”案例体现了适龄儿童接受义务教育是法律赋予的权利与义务，故而不可放弃，具有强制性；同时，也反映了当地政府用法律武器“控辍保学”的决心。2018年，云南省教育厅联合司法厅制定了《依法督促监护人送适龄儿童少年接受义务教育办法(试行)》,明确了宣传教育、责令改正、行政处罚、提起诉讼或申请强制执行的“四步法”,对不依法送子女入学的家长或监护人、招用未满16周岁少年儿童的单位或个人,以及导致适龄少年早婚的有关责任人,做到应诉尽诉,并加大强制执行力度。“官告民”这一典型案例起到了一个案件影响一面、带动一片的作用,在一定程度上促进了依法治教的推行。

(二)权衡价值选择的二律背反

乡村振兴战略为边境地区义务教育优质均衡发展创造了优越的条件。

边境地区义务教育的优质均衡发展离不开人才培养质量的提高与教育布局、教育结构、区域协调的优质均衡发展。要实现人才培养质量的提高与教育结构、教育布局、区域协调的优质均衡发展,就需要对普遍性与多样性、公平与效率、安全与开放等价值取向进行平衡。

第一,人才培养高质量发展目标下普遍性与多样性的平衡。义务教育阶段实施国家课程、地方课程、校本课程三级课程管理制度。国家课程的课程设置、学科分布、课时安排均按照课程管理要求统一的标准进行。边境地区在按时开齐国家课程的同时,也要按照课程管理要求在地方课程中落实民族团结进步教育等内容。对于边境乡村地区而言,在教育教学实践中,由于客观上师资力量不足、教育教学资源有限,主观上教师教学组织能力不高,开足开齐各种国家级课程已经需要作出很大努力。这就导致边境乡村地区中小学地方课程、校本课程在实施过程中以率先完成硬性要求、规定任务为主,对于柔性要求、自选任务,多数学校只能选择性完成。在这种情况下,思想品德、音体美等国家课程中的非考试科目,以及民族团结进步教育、国防教育等关涉学生思想成长的地方课程,都存在不同程度打折扣的现象。同时,边境地区的学生对丰富多样的民族文化、民族乐器、民族体育、民俗传统也保持浓厚的兴趣和较高的学习积极性，但因条件限制，地方课程中的此类教学内容也只能选择性完成，学生的多样化教育需求并不能完全得到满足。因此，边境地区应加强对德育课程和其他非考试科目的重视，并适当满足教育对象对教育内容多样性的需求，在地方课程、校本课程中增加本地区特色教育内容。

第二，教育布局、教育结构优质均衡发展目标下公平与效率的平衡。从理论上讲，公平是教育永恒的追求，越是欠发达地区越应率先保证公平。但在发展过程中，追求效率就有可能出现局部的不公平，导致部分群体的利益被损害。边境乡村地区尤其是牧区、高寒地区，乡村学校布局调整问题是公平与效率两难选择的典型问题。对于教育发展薄弱地区而言，理应加大教育发展的力度，但是由于边境地区人口居住较为分散，适龄儿童随父母外迁的现象较多，学龄人口不断减少。为了满足边境地区适龄儿童就近入学的需求，保留教学点、分散办学体现了教育公平，亦满足了学生就学的实际需要，符合学生身心发展规律，可最大限度满足人的发展需求，也在客观上发挥出控辍保学的作用。同时不可避免的问题是，教学点、小规模学校软硬件都跟不上，办学质量较低，因此，裁撤一师一校教学点、集中办学是提高教学质量与效率的要求。从教育资源配置的角度来看，集中办学重视效率与规模，有利于教育资源充分利用，最终受益的也是教育对象。但不可否认，历史的经验证明，集中办学在客观上成为学生辍学率反弹的一个原因。理论上，边境地区适龄儿童基本的受教育权必须得到保证，办学成本高、办学质量低、求效率不能成为裁撤教学点的理由。在促进边境地区乡村中小学布局和结构调整的问题上，公平应是第一选择，并兼顾效率。适当加大边境地区乡村教学点、小规模学校经费投入，改善办学条件，提高办学质量是教育公平的要求，同时也在客观上达到了提高教育产出的效果。

第三，区域协调优质均衡发展目标下安全与开放的平衡。边境地区并不是一个封闭的区域，边境地区义务教育要实现优质均衡发展，首先要融入本地区的教育发展大局中，并发挥出地缘优势，在全国教育发展大局中找到自身的位置。边境地区义务教育在优质均衡发展的过程中，应与区域、国家的发展融为一体，必须保持适当的开放，在“一带一路”建设中更应为文化交流、民心相通发挥更大作用。同时，在边境地区义务教育开放发展的过程中，在文明互鉴互赏中亦要高度重视国家安全。随着全球一体化浪潮的高涨以及“一带一路”建设的推进，边境地区成为面向周边国家的前沿阵地。边境地区义务教育应以更加主动的姿态迎接国际教育交流，敞开国门办教育是文化自信的表现，也是积极传播中国声音的一种选择。但在对外开放的过程中亦要防范外部敌对势力的渗透和干扰，对各种思想观点的碰撞积极引导，加强立德树人教育，铸牢中华民族共同体意识，构建人类命运共同体。

第六章

与乡村振兴战略相衔接的边境地区义务教育政策规划构想

长期以来，政策规划在我国社会经济发展中发挥着重要的作用。从1953年起，国民经济和社会发展的第一个五年计划出台，此后便形成了我国国民经济和社会发展五年规划的传统。五年规划准确地对过去五年的成绩与不足进行梳理，前瞻性地指出今后五年事业发展的侧重点和方向。由于教育事业在我国社会主义事业中的重要地位与作用，教育事业发展规划逐渐发展为专项的教育事业发展规划。教育政策规划对于教育政策的系统性、协调性、完备性具有较大的促进作用。随着乡村振兴战略的实施，边境地区义务教育将迎来良好的发展契机，运用好教育政策规划这一有效方式将从顶层设计上为边境地区义务教育搭建科学的政策框架。基于政策框架，才可能调整现有教育体制机制中存在的局部障碍，形成完善的边境地区义务教育政策体系。面向乡村振兴战略的边境地区义务教育政策规划，应基于义务教育服务于社会发展的基础性地位与功能，瞄准乡村振兴战略实施过程中最核心的因素与环节，重点与乡村振兴战略紧密衔接，为乡村振兴战略实施提供最基础的思想、人才等方面的支撑。

教育政策规划是教育发展战略的集中体现，可以为边境地区义务教育发展指出宏观的发展方向。面向新时代，边境地区义务教育政策规划必须与乡村振兴战略紧密衔接，提升边境乡村教育的整体质量与发展水平，并充分发挥出教育社会服务的功能，为边境乡村发展服务。

一、组织支撑：加强党对教育事业的全面领导

坚持党对国家事务和社会的全面领导，是新中国成立以来的宝贵经验和最为强大的发展动力。加强党对教育事业的全面领导，是办好教育的根本保证。坚持党对教育事业的全面领导是边境地区教育事业服务乡村振兴战略的重要前提与坚定方向。边境地区义务教育发展必须坚持正确的发展方向，建立健全学校基层党组织，充分发挥教师党员的模范带头作用，将边境乡村中小学基层党组织建设成为坚实的战斗堡垒。

（一）坚持正确的办学方向

边境地区教育行政部门和乡村中小学的各级党组织要增强“四个意识”、坚定“四个自信”，坚定不移维护党中央权威和集中统一领导，自觉在政治立场、政治方向、政治原则、政治道路上同党中央保持高度一致。边境乡村中小学要将党的教育方针贯穿于教育工作始终，使教育领域成为坚持党的领导的坚强阵地。在学校管理、教育教学开展过程中，边境乡村中小学必须坚持教育为人民服务、为中国特色社会主义服务、为改革开放和社会主义现代化建设服务的总方向，始终做到为党育人、为国育才。

（二）建立健全学校基层党组织

党的领导在教育系统能不能有效实现，取决于教育系统党组织体系健全不健全，党的建设抓得好不好，基层党组织完善不完善，基层党组织战斗堡垒作用发挥得充分不充分。一些边境乡村中小学由于学校规模较小，基层党组织不完备；有的基层党组织虽然建制存在，但是多处于“休眠”状态，组织活动基本处于停滞状态，培养党员干部的功能弱化。这与加强党对教育事业全面领导的要求不相适应，必须从根本上建立健全各级基层党组织，并发挥基层党组织的领导作用，将学校管理、教育教学工作当作头等大事来抓，防止边境乡村地区中小学出现党组织涣散的问题。同时，边境乡村中小学党组织应高度重视自身的能力建设，要把抓好学校党建工作作为办学治校的基本功，锻炼一支忠诚、担当、廉洁的队伍，将百姓的教育利益放在第一位。重视激发基层教师党员的主观能动性，发挥教师党员的模范带头作用，营造扎根边疆、建设边疆的浓厚文化氛围，培育克服困难、守边固疆的担当精神。

（三）狠抓思想政治教育

思想政治教育是边境乡村中小学坚持党对教育事业全面领导的重要抓手。学校领导班子应牢固树立起思想政治工作是学校各项工作生命线的思想认识，牢牢掌握对意识形态的领导权与话语权，摒弃思想政治工作等同于开好“道德与法治”课程的思想认识，坚持把思想政治工作贯穿学校教育管理全过程。边境乡村中小学应逐步探索思想政治教育“三全育人”机制及体系，实现学科课程与学校管理工作的结合、课堂教学与实践活动的结合、学科专任教师与教辅政工人员的结合，真正落实全员育人、全过程育人、全方位育人，把思想政治工作做在日常、做到个人。同时,不断增强思想政治工作的实效性,防止思想政治教育内容泛化、形式虚化、体验空洞,变大水漫灌的育人方式为融入式、嵌入式、渗入式教育方式,将思想政治教育与学科教育、教师专业成长、学校管理工作等有机结合在一起。

二、人才支撑:培养乡村建设所需要的人才

为边境地区乡村振兴战略提供有力的人才支撑,是边境地区义务教育政策规划的重要目标。只有找准边境地区的人才培养定位,才有可能形成一系列与人才培养定位相匹配的政策方案,为边境地区的人才培养创造制度环境,培养出思想稳定、素质优良的不同类型、不同层次的服务于乡村振兴战略的多样化人才。

(一)以打牢基础为重点

义务教育阶段的人才培养应以打好基础为重点,为教育对象的可持续发展打下良好的基础。在此阶段,受教育者的品德、行为习惯、基础知识都在逐步形成,特别是爱国主义情感、为社会主义事业奋斗的远大理想,均在此阶段启蒙。因此,义务教育阶段的人才培养目标是打好基础,全面培养教育对象的核心素养,培养思想品德端正、行为习惯良好、知识储备扎实的德智体全面发展的人,为他们成长为中国特色社会主义事业的合格建设者和可靠接班人奠定坚实的基础,为教育对象今后的可持续发展打好基础。

（二）为培养多样化的人才做准备

义务教育阶段的人才培养是为更高层级教育阶段输送人才。义务教育阶段是非选拔性的、强制性的、面向全体适龄儿童的基础教育阶段，是向选拔性教育阶段输送人才的教育阶段。完成义务教育阶段的学习后，教育对象将分别接受不同类型的教育。有的学生进入普通高中，有的学生进入职业高中，也有一部分学生完成义务教育阶段的学习后，选择走向劳动岗位，成为社会主义事业的劳动者，并在劳动岗位的历练中不断充电、学习、提高。边境地区乡村振兴战略的实施需要不同类型、不同层次的多样化人才，不仅需要高端的学术型理论型人才，而且需要各行各业的实践型技能型人才。边境地区义务教育阶段为培养不同类型、不同层次的多样化人才做准备，就需要从教育观念上树立人才多样化的认识，对学生的多元智能、禀赋特点加以观察与引导，使学生能够找到合适的发展路径，成长为中国特色社会主义事业的合格建设者和可靠接班人。

三、思想支撑：夯实青少年的思想基础

立德树人是教育的根本任务。只有品德端正的人，才有可能为乡村振兴作出贡献；只有品德端正的人，才有可能在内外部形势较为复杂的边境地区保持自身的思想稳定，发挥维护边疆稳定的作用。

义务教育阶段是受教育者品德发展的关键时期，是重要的打基础阶段。

边境地区义务教育政策规划应将立德树人摆在学校教育的重要位置，将立德树人贯穿学校管理、课程教育、实践活动等各个环节。在教育教学内容上，以铸牢中华民族共同体意识为主线，突出爱国主义教育、国家安全观教育与国防

教育,重视国门德育的纲目特点,适当补充外交常识等,并与受教育者的实际生活紧密联系。在教育形式与载体上,充分发挥新媒体的优势,线上与线下相结合;将社会系统与学校系统紧密联系,挖掘当地的丰富资源,发挥爱国主义教育基地的功能以及界碑等标志物的教育意义,激发受教育者的主观能动性,以更加灵活生动的形式进行立德树人教育。

四、文化支持:促进优秀文化的传播

国际交流在边境地区并不是新鲜事物,我国西南边境地区不少中小学都有周边国家的学生就读。特别是“一带一路”倡议下,我国与“一带一路”沿线国家的教育文化交流更加频繁。边境乡村地区特有的自然、文化风貌以及丰富多彩的民俗、艺术吸引了众多国际游客的目光,旅游业等第三产业越来越成为边境地区的重要经济来源。同时,边境地区与周边国家的民间艺术、文艺表演交流也非常普遍。除此之外,边境地区边贸较为发达,生产、生活的交流更是双方边民日常生活的一部分。

边境地区义务教育政策规划要对国际交流给予关注,一方面是对中小学可能存在的国际交流活动进行规范,另一方面是对中小学开展国际交流进行制度设计,促进边境地区中小学生在国际交流中树立国家安全意识以及运用系统性思维分析全球情境、全球问题,培育他们客观评价、理性对待文化多样性的态度与能力。

边境地区义务教育政策规划关于国际理解教育的内容要注意与其他教育内容相联系,把握国际理解教育的核心内容。

第一,把握国际交流的“适度”原则,维护国家安全。任何国际交流都应建立在维护国家安全的基础之上的。对有可能对国家安全产生威胁的国际交流,应及时终止。

第二,运用系统性思维提升全球胜任力。全球胜任力是近年来教育领域广受关注的话题之一,全球胜任力即理解和处理具有全球意义的问题的素养与能力。国际教育交流是一种与特定对象交流的活动,来自不同国家的青少年参加同一个活动时对问题的感知、分析、解决能力十分重要。在全球一体化发展趋势下,文化交流与碰撞更加频繁,很多社会问题都是全球普遍存在的。应培养学生对不同文化的接受能力与理解能力,并让学生善于与其他文化背景的人交流自己的想法,调整自身的行为,求同存异,保持国际交流活动朝着共同目标顺利进行,服务于构建人类命运共同体。

第三,秉持对外来文化欣赏、理解、批判性的学习态度。任何文化都有其合理性与优势,应引导学生以批判性的学习态度来面对外来文化,既学会尊重、理解、欣赏,又要摒弃外来文化不合理的方面,合理扬弃。边境地区的教育国际交流以毗邻国家为主,对于毗邻国家的文化,我国边境地区的青少年应给予高度的尊重,了解对方的文化习俗,加强文化交流与互鉴。同时,学习国际交往礼仪,使自己的言行举止符合国际交往规范,体现出我国礼仪之邦的风范。

第四,增强对中华文化的认同及弘扬中华文化的能力。国际理解的前提是对中华文化的自信,对中华文化的认同。应加强对边境乡村地区青少年的中华文化教育,引导他们了解中华优秀传统文化、革命文化、社会主义先进文化的基本内涵与丰富内容,增强边境地区青少年对中华文化的深厚感情及认同感,培育他们在国际交流中传播中华文化、弘扬中华文化的能力。边境沿线中小学应组织丰富多彩的校园文化活动,让学生在丰富的文化活动中不断增强对中华文化的情感,并在锻炼中获得向外国小伙伴讲中国故事的本领。

五、树立城乡社会一体化发展价值取向

乡村教育是边境地区公共事业的重要组成部分，同时也为乡村社会经济、文化等各方面的协调发展提供有力支撑。边境地区义务教育政策规划应把教育对社会发展的基础性作用摆在重要位置，站在社会发展的角度看待教育的功能，并设计与之相匹配的教学制度。

曾经，边境乡村地区的教育在一定程度上体现出“离农”的价值取向。最典型的表现有两种，一种是乡村教育的内容与模式复制城市教育，整体教育设计表现出一种“逃离乡土”的模式[①]；另一种是主张将“跳农门”或培养“新市民”作为农村教育的唯一目标[②]，比如考上大学，“鲤鱼跳出龙门”，将户口从农村迁到城市，成为国家干部身份，是当时农村学生的主要追求[③]。

“离农”价值取向的乡村教育对乡村学生的成长成才、对乡村社会的发展都是不利的。从个体发展层面来看，以逃离乡土为目标的教育导致乡村教育的工具理性被放大，价值理性被忽视，乡村学生的受教育过程过于功利化。乡村学生及家长将“走出乡村走向城市”作为教育的价值追求，从而加剧了追求升学率的应试教育导向，在教育教学过程中出现以智育为主、关注知识灌输，忽视非考试科目以及学生综合素质培养等现象。在这样的教学模式下培养的学生，即使通过教育获得改变身份的机会，但适应城市建设需要的能力可能并未得到同步

① 刘铁芳. 乡土的逃离与回归：对乡村教育的人文重建[M]. 福州：福建教育出版社，2008：7.

② 苏刚，曲铁华. 现代化进程中我国乡村教育价值取向的嬗变及重构[J]. 教育发展研究，2014(1)：12－16.

③ 曲铁华，王丽娟. 由依附到整合：近30年乡村教育价值观的历史变迁与现实审思[J]. 东北师大学报(哲学社会科学版)，2012(5)：201－204.

发展。同时,这种教育方式亦使他们缺乏适应乡村生活的技能,一旦无法融入城市生活、无法适应城市生产的需求,就会陷入“留不了城,回不了村”的困境。

从社会发展层面来看,“离农”价值导向使乡村学生忽视了乡村文化,将城市文化奉为真经,对乡土特点及乡土文化置之不理,造成乡村优秀传统文化的断裂以及传统乡村劳作文化的丧失。在这样的价值观之下,受教者通过教育改变乡村身份的思想愈演愈烈,导致乡村出现空心化,大量由乡村培养出来的人才走向城市,乡村建设留不住人才,使乡村陷入“乡村发展滞后—人才集聚能力弱—乡村建设缺乏人力资源”的恶性循环中。而且城市中心主义的思想在整个乡村蔓延,加剧了乡村人口的流失,受过教育的人纷纷涌向城市,没受过教育的人也进城务工,这使乡村不仅缺乏高层次建设者,也缺乏农业生产劳动力。

与“离农”价值取向相对应的“为农”价值取向,同样也不是乡村教育应有的价值取向。“为农”价值取向下倡导乡村教育要与乡村经济相适应,与生产活动相结合,在精神层面培养学生热爱乡村、扎根乡村的情怀①。“为农”的价值取向建立在一种不平等的观念之上,即乡村人口就应该学习和乡村有关的教育内容,并祖祖辈辈留在乡村。事实上,将乡村与城市对立起来是不正确的。并不是只有乡村受教育者才需要培养劳动素养、掌握劳动技能,需要培育乡土情怀,需要传承乡土文化,城市受教育者同样应当了解乡村、热爱乡村、服务乡村。任何受教育者都不应受到乡村与城市身份的限制而接受不同的教育,不应通过受教育固化原有的身份、阶层,阻断流动。

边境乡村教育应摒弃“离农”和“为农”的价值取向,从受教育者身心全面发展、乡村社会发展的角度选择“城乡社会一体化发展”的价值取向。非此即彼地将城市与乡村割裂开,既不利于城市社会的发展,也不利于乡村的发展。乡村振兴战略为城乡教育一体化提供了契机,只有树立城乡一体化发展的价值取

① 葛新斌.农村教育:现代化的弃儿及其前景[J].教育理论与实践,2003(12):37-40.

向，才能形成城乡教育一体化的一系列制度安排。

“城乡社会一体化发展”的价值取向首先是坚持系统性思维，破除城乡二元对立的思维模式。反映在乡村教育上，就体现在应重新认识城乡教育之间的关系。在“城乡社会一体化发展”的价值取向下，城市教育体系与乡村教育体系都是中国特色社会主义教育系统的有机组成部分，乡村教育的发展为城市发展提供了有力的支持，同样，城市教育由于深厚的教育资源的积累，对乡村教育发展提供了更多优质教育资源的支持以及教育观念的影响，在一定程度上也为乡村教育发展提供了可供借鉴的模式与方法，二者应相互支持、相互促进。

“城乡社会一体化发展”的价值取向坚持城乡统筹发展，要求城乡公共事业同步发展。在教育领域，“城乡社会一体化发展”为乡村教育优质均衡发展提供了思想支持。城乡教育统筹发展即对城市和乡村的教育发展给予同等的关注：平等对待城乡受教育者的教育权，并为城乡受教育者提供同等质量的教育条件；建立城乡教育资源调配统一体，对乡村地区薄弱学校给予倾斜，缩小城乡教育差距；设立统一的育人目标，旨在培养德智体美劳全面发展的社会主义建设者和接班人；确立统一的城乡教育质量评价标准。虽然目前乡村教育尚处于相对滞后的发展状态，但是并不能因此而降低对乡村教育的质量要求，或者减少评价指标。换言之，乡村教育发展应达到与城市教育同等的质量与水平。

“城乡社会一体化发展”的价值取向坚持城乡发展战略的“和而不同”。具体到教育领域，城乡教育育人目标的统一、质量要求的一致是为了促进乡村教育的健康发展，但并不意味着城乡教育发展的齐步走与完全的同质化。城乡教育的发展目标与质量要求是一致的，但各自的教育教学侧重点、步调节奏都是差别化发展的过程。乡村教育不能过分强调“为农”，但也不能回避乡土特色与乡土生存环境，教育内容的安排、教育教学节奏的把握都要贴合乡村受教育者的乡土生活与情境，适应在乡土环境中形成的文化性格特点，适应乡土传统文化和人文心理，适应乡村的生产生活方式。

“城乡一体化发展”价值导向下的乡村教育可以发挥学校教育主阵地作用及辐射作用,提高全社会对乡村教育事业的重视,推动乡村教育事业健康快速发展。

第七章

边境地区义务教育城乡一体化发展政策体系设计

政策体系设计是教育政策规划最为直接的表现形式，是教育发展战略得以实现的重要抓手。教育政策规划经过政策问题确认、政策目标确立、政策价值选择、政策方案优化、政策风险评估等一系列的过程，最后以文本的形式将政策体系“编制”出来，即人们看到的“规划”。规划文本形成后，就进入政策规划的执行、监测、评估、调试环节。政策体系的设计一方面体现出教育治理思想；另一方面作为相关主体的行动框架，对各主体的责权利进行分配，对各主体的行为进行规范。边境地区义务教育应以乡村振兴战略为契机，将教育与其他公共事业作为一个整体，协同发展。通过构建适应乡村振兴战略的教育政策体系，促进边境地区城乡义务教育优质均衡发展。边境地区义务教育政策体系应充分考虑边境地区社会与教育发展的实际情况，充分体现分类管理、因地制宜的原则，加强政策方案的弹性与灵活性，以增强教育政策精准性。基于边境地区县级政府财力有限、能力有限的实际情况，建立“以省为主”的教育管理体制，实现教育经费、人员、资源配置以及地方政府政绩考核、教育问责的城乡一体化。基于边境地区义务教育治理的复杂性，构建协同联动机制，破除观念壁垒、制度壁垒与技术壁垒。基于边境地区义务教育发展条件需要持续改善的需求，推进城乡教育资源统筹分配，推动中小学标准化建设，建立城乡教育资源共建共享机制。基于边境地区义务教育人力资源队伍薄弱的状态，健全城乡教师、校长、教研一体化发展制度。基于边境地区义务教育重升学率、重智育的倾向，完善“五育并举”育人模式，促进学生全面发展。基于边境地区义务教育质量偏低的事实，健全教育质量评价体系。

乡村振兴背景下的边境地区义务教育发展是优质公平的深入推进,是城乡教育一体化的发展过程。构建面向乡村振兴的边境地区义务教育政策体系是教育政策规划的主要内容,是边境地区义务教育优质均衡发展的重要支持。

一、建立“以省为主”的教育管理体制

在“以县为主”的农村义务教育管理体制下,边境地区由于县财政能力不足而导致义务教育发展动力不足,资源配置难度较大。因此,责任重心上移对促进边境地区义务教育优质均衡发展具有十分重要的现实意义。

(一)构建边境地区城乡一体化的教育经费保障机制

第一,完善边境地区义务教育经费转移支付制度,变“以县为主”为“以省为主”,由省级政府为主统筹边境地区义务教育办学经费,减轻边境县财政负担。充分考虑边境地区义务教育的重要性以及边境县财政紧张的现实情况,将边境地区义务教育经费保障的责任适当上移至省级政府,提高中央和省级的经费分担比例,以确保边境地区义务教育经费充足。

第二,提高乡村义务教育经费投入。边境乡村地区由于地理位置偏僻、交通不便利、物资材料成本高等客观原因导致办学成本较高。如云南省、西藏自治区的部分边境县处于偏远山区,交通极为不便,中小学校舍、操场等基础设施的建设费用要高于其他地区,山区县教育行政部门人员说道:“边境偏远地区中小学每平方米建筑成本至少要比其他地区高出500元,建筑材料都是人工运上来的,为了建操场,先得把坡地填平。”如果按照统一的标准就会出现经费不足的问题。因此,应提高边境乡村地区中小学的基本建设标准,提高人均办学

经费标准。同时,加大中央政府对边境乡村地区义务教育一般性财政转移支付,并设立专项转移支付项目,用于边境乡村地区中小学进一步改善办学条件,特别是用于乡村寄宿制学校、小规模教学点配置必备教育教学设备,添置现代信息技术设备、体育文艺设施,采买与维护实验仪器等,解决设备老化问题。

第三,科学监管边境地区义务教育经费使用,提高经费使用效率。目前边境地区义务教育建设经费多以专款专用的形式进行拨付、监管。其中存在的问题是一些急切需要投入资金的项目立项难、支付难,如教师周转房建设、教师业务培训等,而一些项目经费又重复拨付,如基建项目,由此出现经费短缺与重复建设并存的现象。面对这种现象,一方面要根据实际情况立项,加强对边境地区基层教育的调研,对当地亟须破解的问题给予保障,另一方面可以采取控制经费总额、不限定项目的打包下达经费的办法,由省级政府予以监督,增强经费使用的灵活性,使最迫切的问题及时得以解决。

第四,探索多方筹措边境地区义务教育经费的机制。边境地区乡村义务教育由于历史欠账较多,想要达到优质均衡发展仍有较大的经费缺口。省级政府应拓展经费筹措渠道,并加强对经费来源的审核,由省级政府协调并把关,吸纳多方可靠资金投入边境地区义务教育。省内外国有企业的捐资助学可在一定程度上减轻政府财政负担,助力边境乡村地区义务教育发展条件优化,推动义务教育的优质均衡发展。

(二)构建边境地区城乡一体化的义务教育人事制度

提升边境地区教师、校长、管理者队伍的整体素质,一方面需要打破当前城乡割裂的状态,另一方面需要通过制度刺激,促进城乡教育系统人员的交流,保持动态平衡。

第一，探索边境地区省域内义务教育教师的统一管理制度，进一步破除阻碍教师合理流动的体制机制障碍。改变当前教师"县管校聘"的管理方式，促进教师跨县流动。边境地区中小学师资问题是阻碍边境地区教育质量提高的主要因素，县域内的师资流动并不能有效解决优质师资补充的问题。县域范围内优质师资相对较少，省级政府可对部分义务教育阶段的教师统一招聘、统一配置、统一管理，使教育人才在省域教育系统内合理流动，为教师在区域内、城乡内、学校间合理流动提供制度保障。在全省统一的教师管理体制下，教师就可以从较为发达的省会城市流动到边境县任教，为边境县带来新鲜血液。

第二，建立边境地区义务教育阶段城乡教师待遇差别制度，提高乡村教师待遇，以吸引优秀师资向乡村流动。建立省域内教师统一管理制度为发达城市教师向边境县流动提供了制度的可能性。但是，教师流动并不能单纯依靠行政命令，而要通过政策吸引，激发教师的内在意愿。因此，实施城乡教师待遇差别制度，可在一定程度上补偿在边境乡村地区任教的教师，也可以激发其他地区的教师向边境乡村地区流动的意愿。

建立乡村义务教育教师特殊津贴制度。边境乡村地区地理位置、自然环境、交通条件、医疗卫生条件等都较为艰苦，中央政府和省级政府应拨付一定比例的转移支付资金，作为特殊津贴发放给在边境乡村地区任教的教师。在边境乡村地区任教的教师的津贴应高于其他地区的教师，这一方面是对为边境乡村地区贡献力量的教师的补偿，另一方面能起到激励优秀师资向边境乡村地区流动的作用。

建立城乡义务教育教师职称晋升的差别待遇。人力资源社会保障部办公厅与教育部办公厅联合印发的《关于做好2017年度中小学教师职称评审工作的通知》明确提出要加大对农村和艰苦边远地区中小学教师职称评审工作的支持，促进教育资源配置更加公平、更加均衡，评价标准要综合考虑乡村学校和教学点实际。对长期在农村和艰苦边远地区工作的中小学教师，在职称评定时可放宽学历要求,不作论文、职称外语和计算机应用能力要求,侧重考察其工作业绩,提高实际工作年限的考核权重。

构建城乡一体化的教师社会保障制度。对于由省级政府单列指标统一管理的边境乡村任教教师,应建立和完善适用于这部分教师的社会保障制度,免除教师流动的后顾之忧。另外,对于在边境乡村地区长期任教的教师,对其子女升学和就业给予政策照顾。

(三)完善考核及教育问责制度

第一,完善省级政府对边境地区地方政府的考核制度。将教育质量从社会发展这一指标中抽离出来,作为考核地方政府的一级指标,并与其他指标之间保持结构平衡。同时,在地方政府考核指标中构建教育类考核指标的科学体系,清晰明了地呈现评价边境地区义务教育发展质量的核心点。

第二,建立健全省级政府对边境地区地方政府的教育问责制度。教育问责制度的功能在于督促各责任主体履行职责。教育问责制度首先需要明确边境地区地方政府在义务教育发展过程中应承担的责任,明确当地方政府没有履行相应责任时应如何追责。加大省级教育督导部门的“督政”力度,通过教育系统内部的问责起到监督督促的作用。建立外部问责机制,由立法、司法、其他国家机构以及社会公众对边境地区地方政府进行监督问责。

二、构建协同联动机制

教育是一个系统性工程。边境地区的义务教育承担着脱贫攻坚、固脱防返与乡村振兴等社会责任,并在人才培养中发挥着基础性作用。同时,由于边境地区义务教育事关国家教育健康发展、边疆稳定等大局，其系统性的特征更加突出。目前，由于各区域、部门、学校等不同层面、不同主体的需求各有侧重，仍存在地方教育部门统筹权不够充分、学校办学自主权较为有限、家庭和社会参与度不足的现象。《中华人民共和国教育法》第 15 条中明确规定了各级教育行政部门的管理权限，但在长期实践中因为种种因素却形成了教育事务权、教育人事权、教育财政权被分割或被集中的管理模式，导致各级教育行政部门缺乏对教育事业的统筹权，教育领域综合改革的推进力度和成效受到制约①。教育协同治理是落实《中国教育现代化 2035》基本理念、推进“十四五”时期教育高质量发展的重要保障，也是充分发挥中国特色社会主义制度优势、促使国家教育制度更加成熟的必然选择②。

第一，破除观念壁垒。观念壁垒是建立协同联动机制的首要障碍。只有在思想上高度重视，树立区域协调一体化发展的思路，协同联动机制的构建才有可能落实到政策方案中。从边境地区义务教育发展的角度来看，单一依靠边境县教育行政部门的力量、依靠边境中小学内部的力量难以实现边境地区义务教育质量的提升。如果边境县、边境乡村地区义务教育长期处于相对薄弱状态，那么全省的义务教育优质均衡发展就无法实现。因此，边境地区应树立起全省（区）教育一体化发展的观念，打破县域分割，让教育资源在全省（区）流动起来。同时，只依靠行政力量，亦无法建立一个体制灵活、执行有力、多主体参与的教育体系。政府各职能部门如果没有协同观，总是以本部门利益为重，就会出现互相推诿等现象，困扰教育实践的难题就无法在系统协调后得到圆满解决。破除观念壁垒是建立系统联动机制的前提，只有从观念上树立全局观、区域战略发展观、协同系统观，才有可能在制度设计中消除制度壁垒，构建各主

① 张志勇. 我国教育治理体系改革该向何处去[N]. 中国教育报，2015－07－19(4).

② 李伟涛. 现代化进程中的教育协同治理：壁垒与进路[J]. 教育发展研究，2021(3)：12－19.

体、各层级、各部门、各机构协同联动的教育治理局面。

第二，破除制度壁垒。协同联动机制是一种系统性的政策方案，旨在形成各部门、机构权责对称且互相支持、协作、配合的教育治理局面。建立协同联动机制的关键是从源头上理清各部门职责，以避免不同部门从各自利益出发产生推诿、重复工作等现象。边境地区义务教育优质均衡发展对软硬件的建设仍有较大的需求，但在教育资源的调配中教育行政部门事权多财权少，以致一些教师激励政策只停留于设想，无法落实。可通过以下措施破除制度壁垒：在同级政府中，启动项目制，根据工作项目实施专项管理，财政、人事、编制等部门与教育行政部门协同联动；在边境地区中小学师资培养、培训、聘任以及经费、资源配置等问题上，增加教育行政部门的话语权，充分考虑当地教育事业发展的实际需要，从系统性推动教育事业发展的角度统筹人员、经费、资源的配置；简化工作流程，降低沟通成本，建立电子政务平台，对于需要多部门沟通协调的教育项目启动电子办公平台，减少人员在事务性工作上的时间损耗，提高协调效率；规范协同联动的考核机制，对各部门在教育项目中的履职情况、执行水平、工作效率、配合度、贡献度等进行客观评价，评价结果与各部门政绩考核挂钩。

第三，更新技术手段。边境地区乡村振兴战略需要教育给予哪些支持？现有教育政策是否适应乡村振兴战略的要求？教育政策是否能够在乡村振兴战略实施的过程中起到正向推动作用？只有对教育对象的变化进行深入分析、对教育政策之间的关系及作用机制进行数据模拟，才能科学研判，摆脱“拍脑袋”决策及教育政策的随意性，科学回答上述问题。任何教育政策方案的选择都要建立在对现实问题、价值目标、政策手段、政策影响等多方面因素的反复科学化考量的基础之上。现阶段，边境地区应充分运用现代技术手段强大的信息收集能力与运算能力，辅助教育政策制定者科学研判。这就亟须建设统一的教育数据平台，以有效避免单纯依靠主观经验作决策。统一的教育数据平台应全面收集教育部门掌握的义务教育的主要指标，各部门掌握的人口、社会、经济等与教育有关的数据，以及反映教育政策效果的若干指标，并实现省内跨区域整合，实现同口径数据长期积累。在数据积累的基础上，逐步建设数据库，并运用大数据对教育发展情况、教育政策效果进行横向比较与纵向比较，更加准确地研判教育政策环境与政策效果。

三、完善城乡教育资源统筹制度

逐步完善城乡教育资源统筹制度是边境地区义务教育优质均衡发展的前提和基础。在“十四五”期间，进一步推进城乡教育资源均衡仍是边境地区义务教育工作的重要任务。

（一）推动边境地区中小学标准化建设

学校标准化建设是城乡义务教育均衡发展的更高要求，即义务教育均衡发展不能仅停留于乡村中小学基本办学条件达标的层面上，而且要实现乡村中小学办学水平相对高水平建设，改变乡村中小学低水平重复建设的状态，进一步为城乡适龄儿童提供公平的发展环境与发展条件，创造公平的发展机会。

第一，合理调整乡村中小学布局，持续改进必要的教学点与小规模学校办学条件，抬平底部。义务教育阶段以就近入学为主，要求学校布局既要符合便利性原则，又要符合优化教育资源配置的原则。边境乡村地区需结合实际情况，准确测算适龄儿童入学需求，统筹考虑学校数量、规模及选址等问题，合理布局。小学阶段保留必要的教学点和小规模学校，初中阶段相对集中，提高资源配置效率。调整裁撤一批不必要学校，改扩建新建一批学校，避免校舍、设备、教育教学资源闲置，缩小教育发展差距，最大限度发挥教育资源的利用效率，促进教师队伍的重组优化。

在改善乡村中小学布局的同时，淘汰一些不必要的学校，可以节约教育资源，将建设力量集中到乡村义务教育的最薄弱点。对于办学规模小的教学点和小规模学校，重点在于持续改进办学条件，配齐教育信息化设施设备，为受教育者提供基本的硬件设施，为运用教育信息化手段提高教学质量提供先决条件。在硬件改善的基础上，教学点、小规模学校应开齐开足国家课程，音体美等小学科即便缺乏专任教师，也应有教师兼任，按照国家课程标准认真上课。同时建立边境地区乡村教学点、小规模学校与中心校教育教学一体化机制，中心校对辖区内的教学点、小规模学校进行教育教学业务指导，采取派学科教师授课、同步直播、组织学生到中心校参加实践活动、教师教研活动同步等方式，解决教学点、小规模学校师资不足、课程开不齐等问题。

第二，切合乡村受教育者需求，建设标准化乡村寄宿制学校。寄宿制学校在边境乡村地区具有重要意义。虽然寄宿制学校在培养亲子关系方面会存在一定瑕疵，但是在人口居住较为分散、教育资源较为紧张的状态下，寄宿制学校既可以解决学生上下学路途遥远的问题，又可以解决资源配置较为困难的问题，可以提高办学的效率，扩大相对优质教育资源的覆盖面。目前，边境乡村地区寄宿制学校受到广大家长的欢迎，尤其是父母外出务工的家庭。

标准化乡村寄宿制学校的建设应做好规划，在规划过程中，应坚持三个原则。第一，坚持从实际出发的原则。认真调研学生的寄宿需求和人口分布、学校布局，综合考虑边境乡村地区的地形、建设条件、施工难度、人工成本等实际情况，科学测算学校建设成本，形成标准化乡村寄宿制学校的布局、建设规模、建设标准、投入标准、管理标准。第二，坚持适度超前原则。在标准化乡村寄宿制学校的基础设施建设和硬件条件配备上保持适度的超前，避免在建设完成后学校学位不足、设施配置跟不上时代需求等问题，影响学校社会功能的发挥及后续发展。第三，坚持稳步推进的原则。标准化乡村寄宿制学校建设不是一窝蜂地每村建一校，而应是循序渐进、多种建设方式并举。如新建与改扩建相结合：对于目前教育资源较为紧张、人口密度相对较大、自然村屯距离较近的乡村，采取联合办学的方式，选取相对便利的地理位置，联合周边村屯建设标准化乡村寄宿制学校，为受教育者提供便利的教学条件，并有利于相对集中、集约管理，实现资源共享；对于已有的寄宿制学校根据学生规模进行改扩建，在原有校址、校舍基础上，增加用地面积，为学校增建、扩建必要的食堂、宿舍、教学楼等设施，进一步改善现有的办学条件，增强学校容纳学生的能力。

（二）建立城乡教育资源共建共享制度

边境地区义务教育优质均衡发展的前提在于乡村优质教育资源的不断扩大，城乡义务教育质量差距进一步缩小。从根本上缩小城乡教育差距，是确保乡村学生享有均等教育机会的关键，也是促进义务教育公平目标得以实现的根本途径。缩小城乡教育差距，将会从长远上有利于城乡经济、社会、文化等多方面的统筹发展。

第一，不断优化乡村的教育教学资源，使乡村中小学能够享有与城市中小学同等质量的教育教学资源，缩小城乡义务教育质量差距。在人工智能逐步在教育领域应用的形势下，建立城乡义务教育数字教育资源统一平台和数据库，充分发挥教育信息化跨越空间使优质教育资源可以共享的重要作用。在城乡义务教育数字教育资源统一平台和数据库建设中，应发挥城市在优质教育教学资源储备、先进技术手段、数字出版人才等方面的优势，健全经费、人员、组织等制度保障，协调中小学、教研部门、高校、科研院所、出版社等多方力量，从现有纸质教育教学资源电子化切入，不断丰富数字教育教学资源。为了搭上教育信息化促进乡村教育质量提升的快车，为了能够充分有效使用数字教育教学资源，边境地区乡村中小学要进一步改善硬件条件，教育信息化相关设施设备不仅要配齐配足而且要及时更新维护。如此才能在城乡义务教育数字教育资源统一平台和数据库的应用上抢占先机,不至于由于硬件条件限制而产生数字鸿沟。

第二,优势互补、协调发展是缩小城乡义务教育质量差距的另一个重要方面。虽然乡村在义务教育质量上不如城市,但是并不意味着乡村教育资源的贫乏。事实上,城乡所拥有的教育资源各有特点。乡村教育资源并不是总量与特色的缺乏,而是开发程度较为有限。边境乡村地区得天独厚的生态自然环境、边境口岸、界碑及革命遗址等红色资源、民间歌舞艺术等,都可以开发成为爱国主义教育、民族团结进步教育、道德与法治教育、国防教育、劳动教育的教育教学资源。乡村丰富的教育资源应得到尊重与科学开发整理。只有城乡教育真正做到优势互补、互通有无、互帮互助、共建共享,才有可能实现城乡教育统筹发展、一体化推进。

第三,建立城乡学校共建互助机制,促进城乡优秀师资共享。目前,师资是阻碍乡村中小学教育质量提升的主要限制因素。建立并不断完善城乡学校共建互助机制,可有效破解师资对教育发展的限制,并在一定程度上推动城乡师资标准化建设。在城乡学校共建互助中,可以通过县域内城乡学校结对子的方式,以"名师共享""教改成果共享""信息共享""教师研训一体化"等为主要内容,定期开展活动,帮助乡村学校提高教师素质和教学质量。也可以通过建立教育联盟的方式,通过一体多校统一管理、"一对一"捆绑等方式,改变乡村中小学的面貌。乡村学校可以利用自身自然资源的优势,拓宽城市学校的发展空间,邀请城市学校在乡村建立分校或实验学校、实验基地等,发挥城市学校优质资源的辐射作用。

四、健全城乡教师与校长一体化发展制度

人力资源是边境地区义务教育优质均衡发展的核心因素。教师及校长是重要的人力资源。打造一支素质过硬的教师队伍及校长队伍，需要不断健全城乡教师一体化发展制度，为教师的专业发展打通通道，不断健全校长培训机制，培养一批管理能力强、教育理念新的乡村义务教育领路人。

（一）以乡村教育实际需求为依据完善教师教育职前职后培养一体化制度

边境乡村地区教育教学条件的特点使其对师资的需求也呈现出当地特点；教师并不是学历越高越好、越专越好。为了培养适应边境乡村地区实际需求的师资队伍，教师教育应建立职前职后培养一体化制度。职前职后培养一体化必须是需求与供给的一体化，即基于边境乡村地区培养用得上、干得好、留得住的好老师的需求，探索师范教育制度改革，建立教师教育职前职后一体化制度。

一方面，我国师范教育体制改革卓有成效，有力推动了教师队伍专业化的进程，大幅提升了师资队伍的整体水平。毋庸置疑，师范教育是培养师资的专业教育，是培养“四有”好老师的重要途径。从我国师范教育改革的方向来看，学科综合化、学历高层次化、分科专业化、就业自主化是其主要的特点。由封闭的师范教育向开放的综合性教育系统融合，是我国师范教育改革的一个重要方向。师范生教育教学内容不再局限于传统的教育学、心理学、教学法，学习内容更加综合化，对于开拓教师视野、提高其综合素质大有裨益。在师范教育体制改革的过程中，“师范”的印记逐渐淡化，师资的培养渠道更加多元。提高培养

层次，有助于我国中小学师资在短时间内快速实现初始学历本科化的目标。

另一方面，探索适合边境乡村地区师资需求的教师教育职前职后一体化制度非常必要。现有师范教育体制改革必须增加灵活性，从总趋势上不断提升综合化、专业化水平，与国际接轨，同时，保持中国特色，特别是适应中国乡村教育实际需求，适当保留传统师范教育模式。

培养能在边境乡村地区长期从教且符合要求的教师时应注意如下要素。

第一，生源本地化。只有教师认同边境乡村、愿意在边境乡村耕耘，才有可能把教育教学质量提升上去。吸引当地生源报考师范专业，能在一定程度上改善教师的环境适应状况，有利于教师克服生活中的各种困难，从而安心从教。

第二，培养本地化。由当地师范院校承担师资培养任务具有一定优势。当地师范院校更熟悉学生的知识结构、已有基础、发展需求以及就职学校的生源特点，能够更为合理地安排学习内容与教学形式，安排的实习等也更具有职前锻炼价值，学生可以直接将实习中的经验总结提炼加以运用。

第三，培养内容综合化。边境乡村地区中小学普遍存在音体美、计算机等专科教师不足的问题，更需要一专多能的全科教师。特别是乡村教学点和小规模学校，教师人数少，一位教师承担多门学科教学，有的教师甚至是包班教学、跨年级跨学科教学。细化专业科目的师资培养有助于提升教师专业化的水平，但由于分科过细、内容过窄，并不能适应全科教学。而全科培养就可以为边境乡村地区培养适合小规模学校教学特点的教师。

第四，增加定向培养。定向培养可使供求相结合。按岗培养可以直接锁定职后教学需求，在培养过程中将学习内容、教学方式、考核评价与职后工作的要求直接对接，量体裁衣，培养符合任教学校生源特点、学情需要、风土文化的教师。

(二)建立促进乡村教师胜任力提升的职后发展一体化制度

第一,从乡村教师需求出发,搭建乡村教师研训平台与研训网络体系。教师继续教育是教师提升胜任力的重要途径。职后研训对边境乡村地区教师专业发展具有重要意义。

边境乡村地区教师职后研训一体化的第一层次是职后与职前的衔接。职后研训应针对职前培养的漏洞,查漏补缺,特别应注意巩固基础知识、研究教材教法、加强教学实践能力的提高、增强教师职业认同感,使职前培养所学的理论知识与职后教学的实践技能连接起来。职后研训应向乡村教师倾斜,有计划地组织乡村教师全员入职培训,使乡村教师及时充电,拓展知识结构,提升教育教学实践能力。职后研训一体化的第二层次是区域教师研训的一体化,即在本区域内城乡教师研训一体化。乡村教师与城市教师的研训内容、要求、目标应一体化,都要围绕课程大纲和课程标准,探究各学段各学科的教学内容与教学方法,加强教育信息化手段的应用,学习教育新理念与新方法。

促进边境乡村地区教师胜任力提升的职后发展一体化需要搭建区域教师研训统一平台及各层级相互联系的研训体系。依靠教师自身的积极性或者是边境地区中小学的校本教研来提升教师胜任力是不够的。研训一体化机制应在本区域内组建固定的教研员团队,教研员自身要建立学习进修机制,不断提升指导课堂教学的能力,发挥教研员在设计教研内容、开发教研资源、赛课评课等方面的作用,为乡村教师提供丰富的教育教学资源和教师专业发展的资源。建立各层次教研培训活动制度,校级、县级、地市级、省级教师研训活动应形式多样,内容协调、方向一致,形成内容相互联系、形式相互补充的教研网络体系。除了学校内部经常性定期组织教学研讨活动之外,还应定期组织校际间教学技能交流,定期组织同课异构、课堂观摩、评课交流等活动,为城乡教师交流创造条件。

第二,以实效性为主要目标,完善基于乡村教师内在需求的激励机制。增强内生动力是提升乡村教师胜任力的重要动因。如果教师将职后继续教育、培训教研视为上级布置的任务,被动地应付完成,而不是出于提升自身水平的需要,那么不仅职后继续教育效果甚微,而且会消解教师的职业认同感,将教师进一步推向职业倦怠。外因通过内因起作用,只有改变内因,才能使一切制度不折不扣地得以执行,实现教育政策规划的目标。乡村教师在内在需求方面有较为严重的两极分化,有的教师参与教学交流、教研活动的积极性非常高,渴望自己能够抓住一切机会提升教育教学能力;有的教师参与各种业务培训、教研活动的热情非常低,本着完成任务的心态应付完成,对于继续教育等活动毫无兴趣。因此,乡村教师队伍的培训应针对实际情况给予积极激励,尽量激发教师的内生动力。激发教师的内生动力要抓准教师的需求,避免各种摊派,让教师感受到被尊重,进而从自身发展出发,积极参加职后继续教育。

应在思想上打破论资排辈的束缚,以个人发展意愿为基础,不搞平均主义,为积极性高的教师创造更多教研、培训机会,满足教师自我发展的需求。对于把教研和培训当负担的教师,要认真调研教师不愿参加培训的原因,如有的教师在访谈中表示"现有培训内容与实际需求有一定距离、形式大于内容、填写各种表格和撰写总结材料,收获并不大,还特别浪费时间""平时的工作任务非常重,有很多与教学无关的工作,而且事情特别杂,培训完了还要写总结材料,太浪费时间了""家庭负担太重,业余时间还要备课,没有时间去培训"。可见是否愿意参加培训与培训质量、效果有直接关系,与教师的日常教学工作机制有间接关系。针对上述原因,必须对症下药,从培训机制、日常教学工作机制等方面改进。

第三,以人文关怀为情感引导,探索城乡教师交流轮岗长效机制。提升乡村教师胜任力的根本因素在于教师自身,但亦离不开外力的援助。城乡教师交流轮岗机制把城市的教师派到乡村,把乡村的教师送往城市,帮助乡村教师提升专业能力,使边境地区教育教学水平得到很大提升。想让这种城乡教师交流轮岗的机制发挥出预设的效果,就必须建立起城乡教师交流轮岗的长效机制。双方的交流应是有规划、有组织的,而不是随机的、临时的,交流轮岗应成为一种制度化、常态化状态。

城乡教师交流、轮岗长效机制的建立要以人文关怀为引导,完善保障机制。学校应满足轮岗教师在任教学校的基本生活需求,并尽力创造较为优越的生活条件,使教师在交流时不存在后顾之忧。

建立城乡教师交流轮岗长效机制的关键是完善教师评价。科学的教师评价机制能为交流教师确定目标、明确督促教师发展,激励交流的教师有目标、肯努力,使交流工作真正有实效。

目前城乡教师交流主要是“请进来”“走出去”两种方式。“请进来”是指城市教师来乡村任教。派到乡村交流的教师绝大部分都有着投身乡村教育的情怀,特别有奉献精神,甚至有的教师多轮到乡村任教,有的教师扎根在乡村持续耕耘,他们为乡村教育带来了开阔的视野、先进的理念、高效的教学方法。但也不排除有的教师出于功利性目标来乡村任教,缺乏教育情怀,在实际工作过程中不能快速根据乡村教育实际调整教育教学方法,未能创造性地发挥自身传帮带的作用。“走出去”则是乡村教师到城市中小学任教。乡村教师到城市中小学轮岗应尽量减少走马观花式的座谈会、听课、列席教研活动等形式,尽量真正深入到教育教学工作中,使交流更有成效。无论是对“传经送宝”的城市教师,还是对“取经提升”的乡村教师,在制度设计上都应设定明确的目标,细化阶段性目标,并分解阶段性考核任务,从人员管理、教育教学研训、生活保障等方面考核评价各学校对交流工作的组织情况,从德、勤、能、技等方面考核评价城乡教师的贡献和乡村教师的收获、成长。针对教师的考核评价,要综合教师的思想状态、精神面貌、教学参与度、教学技能、师生关系、教育情怀等多个方面,起到监督、督促教师自我反思、自我学习、自我成长的作用。

(三)健全校长领导力提升一体化制度

校长是学校管理、教育教学等各项工作的带头人。好的校长应具备强大的人格魅力、专业能力、治校本领。缺乏领导力的校长必然不能带动一支队伍、管理好一所学校。校长的领导力体现在治校领导力和课程领导力两个方面。

第一,通过城乡校长交流机制及校长培训一体化机制,提升校长的治校领导力。在乡村振兴战略下,中小学作为教育系统的基层组织,不仅要优化管理,而且要由管理向治理转变。从学校层面讲,要建立现代学校管理制度,完善校长负责制,校长应充分利用权限内的自主权,引导教职工参与学校事务,保障教职工的合法权益。大部分边境乡村中小学距离“治理”还有较大差距,仍停留在行政指令为主的管理层面,学校管理制度尚不健全。因此,应建立培养边境乡村校长的长效机制,使中小学校长培训计划向边境乡村地区倾斜,及时举办新任校长研修班,让校长掌握学校管理的科学知识和基本思路;建立长效的城乡中小学校长交流机制,通过结对帮扶等教育政策,形成常态化的城乡中小学校长互派制度,让城乡中小学校长互换岗位,积累治校管理经验。

第二,通过教育教学专业能力与管理能力一体化培训,提升校长的课程领导力。边境乡村中小学校长研训应将治校领导力与课程领导力培训结合起来。中小学的核心任务是教育教学,在实施国家课程和校本课程的过程中,实现立德树人、教书育人,培养德智体美劳全面发展的社会主义建设者和接班人。校长的课程领导力集中体现在领导全校教师开展课程教学、教师研训、校本课程建设的能力。校长的课程领导力不仅体现在校长自身对课程实施的专业能力,而且也体现为对课程建设的影响力,如带动全校教师形成专业发展共同体,不断调整课程实施方案,推动校本课程建设。校长的课程思想力、课程设计力、课程执行力、课程评价力构成课程领导力的核心。

边境乡村地区的中小学校长多是从教学一线成长起来的精通某一学科教育教学的实践专家,理应在学校课程建设中发挥出自身的影响力。校长在学校治理的过程中,应将教育教学工作作为学校的生命线,高度重视教师队伍的课程教学能力发展,深入教师教学一线,发现教师教学能力发展的实际需求,建立校本教研制度,激励教师开展教学课程研究,在学校营造重视教研、鼓励教研的良好氛围。

五、完善“五育并举”育人模式

与乡村振兴战略相匹配,边境地区义务教育事业要不断深入贯彻落实党对教育事业的全面领导,培养德智体美劳全面发展的社会主义建设者和接班人。边境乡村地区义务教育必须扭转重智育轻德育的片面育人观念与育人模式,建立并不断完善“五育并举”的育人体系。“五育并举”的育人体系应将“五育”紧密相连,不能割裂彼此的关系,其中德育打头,立德树人置于首位,以智育学习基础知识,提升学习能力,以体育、美育、劳育为培养全面发展的人作支撑。

第一,将立德树人作为教育的根本任务。边境乡村地区中小学应把德育放在首位,以铸牢中华民族共同体意识为主线,把德育贯穿学校管理、教育教学工作始终和各个环节。边境乡村地区中小学要坚持社会主义办学方向,坚持人才培养的正确方向,加强学校基层党组织建设,加强学校的制度体系和工作机制建设,把党的领导贯穿办学治校各领域和全过程,确保党总揽全局、协调各方,为边境地区教育系统稳定发展提供坚实的组织基础。边境地区义务教育的德育要加强思想政治教育,通过理论与实践相结合的方式,坚持不懈开展马克思主义“五观”教育,加强政治认同教育,将理想信念教育、爱国主义教育、民族团结进步教育等有机结合，全面渗透在学科教育中。

第二，补齐体育、美育的短板，建立国家课程与地方课程优势互补的体育、美育育人模式。体育和美育是边境乡村地区义务教育的薄弱点。受制于场地、师资、观念、评价体系等主客观限制，体育和美育在边境乡村地区义务教育阶段中存在课程开不齐、被弱化的现象。音体美学科被不少学生认为是需要天赋的，并不是人人都能学会的，而且一些家长为了孩子在竞争中脱颖而出，从小培养孩子的体育、艺术特长，校外培训机构有时会组织以选拔为目的的音体美培训活动，助长了音体美学习的功利性，使音体美教育没有面向所有学生，偏离了强身健体、陶冶情操、增强美感的目标。因此，在边境乡村地区中小学教育中，学校管理者和教师应树立起体育、美育的正确观念，将体育和美育视为青少年身心健康发展的重要组成部分，遵循青少年身心成长特点，面向全体学生，不断引导学生培育体育、美育意识和素养。

边境地区中小学要开齐开足国家课程规定的音体美课程，加强地方课程和校本课程的开发。边境地区有着丰富的体育、美育资源，如丰富的传统体育、民间文化以及多种歌舞绘画艺术形式。边境地区的中小学应将国家课程规定的音体美内容与地区优势资源结合在一起，将边境地区丰富多彩的体育文化艺术形式呈现出来，满足学生需求，引导学生增强体育意识与审美情趣，增强对中华文化的认同。

边境地区的中小学教师要树立体育、美育与学科课程相结合的观念，在语文、数学、英语等科目的教授中渗透体育、美育思想。同时，重视实践性教学，重视校内校外、课内课外相结合，除了在学校开展丰富的音体美教学外，重在引导学生形成自我学习、自我提升的意识与能力，利用一切可利用的资源和途径，促进音体美素养的提升。如建立体育锻炼制度，教师带领学生制订体育锻炼计划，坚持每天锻炼身体，并成立运动兴趣小组，开展定期的技能训练；开展音乐、美术第二课程活动，丰富学生的校园生活，并组织形式多样的表演，让学生在参与中发现美、展现美。

第三，发挥劳育优势，建立以培育正确的劳动观、提升劳动素养和劳动技能为目标，以实践为主要手段的劳育课程体系。在边境乡村地区，不少学校都有“自留地”，学校可组织师生种植蔬菜，或养猪、养鸡鸭禽类。学生在实际的劳动中既能培养劳动意识，又能提高劳动技能。边境乡村地区的中小学生参与家庭劳动的较多，除了日常的家务活外，有时也会跟随父母参加简单的农业生产劳动。他们对劳动较为熟悉，但要防止劳动观念出现偏差，教师应及时向学生输入正确的劳动观。

建立家校劳育共同体机制。举办学校劳动开放日等活动，邀请家长和学生一起参加劳动主题课程及劳动实践活动，借此机会开展劳动观教育，引导家长和学生树立正确的劳动观念，认识劳动的价值与意义，特别是农业农村劳动的重大贡献，树立劳动最光荣的理念。每个学期给学生布置劳动单，让家长对学生完成劳动任务的情况进行监督，与学生一起填写劳动反思表。

建立学校与社会劳育协同机制。学校可与其他产业单位建立联系，定期开展劳动体验活动。如组织学生定期去农林畜牧单位开展农业劳动体验活动，请技术人员向学生讲解最新科技成果在农业劳动中的运用；小学高年级、初中生定期去工业及第三产业生产单位能参与劳动，感受劳动类型的多样性及新型劳动与科技、人工智能的紧密结合，增加对劳动的热爱之情。

探索科学的劳育评价体系。纸笔测试并不适用于对劳动教育成果的检验，可运用学习档案的方式对劳育进行过程性评价。引导学生对每次劳动体验的收获进行总结梳理，从劳动观念、劳动技能、劳动能力等多方面记录自己学到了什么、想到了什么、有哪些疑惑及不足。同时，针对某项劳动技能组织竞赛类的活动，增加劳动的趣味性，更好地培养学生热爱劳动、尊重劳动的情感，调动学生参与劳动、提高劳动能力的积极性。

六、丰富城乡义务教育内容

城乡社会一体化发展的价值理念直接反映在教育上，就是无论城市教育还是乡村教育，其教育发展目标都要打破“离农”或“为农”的二元对立，回归教育培养人的本体功能以及服务国家社会发展的社会功能。而将城乡社会一体化发展价值理念落在实处，就是要依靠城乡丰富的义务教育内容，通过课程教材这一载体，从知情意行等多个层次帮助城乡受教育者正确认识城市、乡村，培育他们对乡村文化的感情，提高他们的劳动素养。

（一）在义务教育阶段广泛开展耕读教育

《中共中央 国务院关于全面推进乡村振兴加快农业农村现代化的意见》在提升农村基本公共服务水平方面明确提出了“开展耕读教育”的要求。《中共中央 国务院关于做好2022年全面推进乡村振兴重点工作的意见》进一步要求完善耕读教育体系。探索新时代耕读教育模式，不仅是助力新阶段乡村振兴战略实施、推动农业农村现代化发展的有效尝试，而且是推动城乡社会协调发展、促进城乡教育一体化发展的重要手段。

耕读教育在新时代有着全新的内涵与丰富的内容。在20世纪60年代，我国就有过“耕读小学”的教育模式。当时创办“耕读小学”有着具体的历史背景。当时农业生产力不够发达，机械化程度和农业专业化社会化服务水平较低，为贯彻执行“两种教育制度、两种劳动制度”，在广大农村兴办专收不能进入全日制小学就读的儿童的“耕读小学”，乡村教师和适龄儿童都作为家庭重要成员直接参与农业生产。当时的“耕读小学”是在生产条件的限制下采取农业劳动与学习相结合的方式，对乡村适龄儿童受教育权给以最大保障。在当时，“耕读小学”的教育模式强调的是农耕和读书同时进行，在必须要劳动的情况下，亦能同时学习文化知识。新时代所倡导的耕读教育在内涵方面有了极大的拓展。耕读的本初含义只是农耕和读书，在现代社会则可以引申为物质与精神、职业与兴趣、自食其力与自得其乐，职业人生总有限，读书修身却无涯，用自己的双手自食其力、创造生活，同时用阅读自得其乐、充盈内心，是一辈子的事。①

基于耕读教育的时代内涵，耕读教育的教育对象并不仅限于乡村学生，同样适用于城市学生。乡村学生应充分利用生长在乡村的优势，重拾对农耕的敬畏，城市学生更需要走进乡村，更加全面、系统地了解乡村在不同历史时期所扮演的角色与发挥的作用，扭转学生对乡村的错误认知。

耕读教育的内容在新时代应是立体丰富的。耕读教育首先是耕读文化的浸润，耕读文化是中华优秀传统文化的重要组成部分。耕读文化所反映的是在长期的农业劳作中，人们形成的勤俭节约、自强不息的精神，以及在艰苦的农业劳动中，坚持学习与进步的人生态度。耕读教育要弘扬耕读文化，倡导尊重、敬畏农业劳动的态度与情感，引导城乡青少年厚植家国情怀和“三农”情感。

（二）加强劳动教育

教育部印发的《大中小学劳动教育指导纲要（试行）》对劳动教育进行了系统的规定，要求在大中小学各个教育阶段广泛开展劳动教育。劳动教育的主要内容包括日常生活劳动教育、生产劳动教育和服务性劳动教育。可见，劳动教育的内容包含了两个层面。一个层面是个体的日常生活劳动，侧重点在于自立自强意识的树立、良好卫生习惯的培养、生活自理能力的学习。另一个层面是

① 曹东勃.大力探索耕读教育模式[N].农民日报，2021－03－19(3).

社会范围的，一方面是生产劳动教育，侧重点在于体验生产劳动的发展历程与价值，学会使用生产工具，掌握相关技术，感受劳动创造的价值，培育尊重劳动的情感；另一方面是服务性劳动教育，侧重点在于让学生利用知识、技能等为他人和社会提供服务，在服务性岗位上亲身体验，树立服务意识，实践服务技能，在公益劳动、志愿服务中强化社会责任感。在不同教育阶段、不同层面的劳动教育中，都强调对劳动观、劳动素养、劳动意识、劳动情感、劳动技能等方面的系统培养。《大中小学劳动教育指导纲要（试行）》在初中阶段特别强调了职业启蒙教育，突出了劳动教育与职业教育的联系，也体现了劳动教育在普通教育与职业教育两种教育类型中的重要性，义务教育阶段劳动教育内容详见表3。

表3　义务教育阶段劳动教育内容

学段	劳动教育目标	劳动教育内容
小学低年级	培养劳动意识和劳动安全意识，使学生懂得人人都要劳动，感知劳动乐趣，爱惜劳动成果	1. 完成个人物品整理、清洗，进行简单的家庭清扫和垃圾分类等，提高生活自理能力；2. 参与适当的班级集体劳动，主动维护教室内外环境卫生等，培养集体荣誉感；3. 进行简单手工制作，照顾身边的动植物，关爱生命，热爱自然
小学中高年级	体会劳动光荣，尊重普通劳动者，初步养成热爱劳动、热爱生活的态度	1. 参与家居清洁、收纳整理，制作简单的家常餐等，每年学会1—2项生活技能，增强生活自理能力和勤俭节约意识，培养家庭责任感；2. 参加校园卫生保洁、垃圾分类处理、绿化美化等，适当参加社区环保、公共卫生等力所能及的公益劳动，增强公共服务意识；3. 初步体验种植、养殖、手工制作等简单的生产劳动，初步学会与他人合作劳动，懂得生活用品、食品来之不易，珍惜劳动成果

续表

学段	劳动教育目标	劳动教育内容
初中	开展职业启蒙教育，体会劳动创造美好生活，养成认真负责、吃苦耐劳的劳动品质和安全意识，增强公共服务意识和担当精神	1. 承担一定的家庭日常清洁、烹饪、家居美化等劳动，进一步培养生活自理能力和习惯，增强家庭责任意识；2. 定期开展校园包干区域保洁和美化，以及助残、敬老、扶弱等服务性劳动，初步形成对学校、社区负责任的态度和社会公德意识；3. 适当体验包括金工、木工、电工、陶艺、布艺等项目在内的劳动及传统工艺制作过程，尝试家用器具、家具、电器的简单修理，参与种植、养殖等生产活动，学习相关技术，获得初步的职业体验，形成初步的生涯规划意识

劳动教育应面向所有的城乡受教育者。学校应设计好劳动教育课程，并通过社会实践、家校协同育人，从日常生活、生产劳动、服务性劳动等不同方面展开教育，培育学生树立劳动创造幸福、劳动最光荣、尊重劳动等劳动价值观，激发他们积极参加各类劳动的主动性与内在意愿。

（三）重视城市文化教育与乡村传统文化教育的融合

城乡社会一体化发展的价值理念倡导营造城乡文明共生的文化氛围。无论是城市还是乡村，都要弘扬现代文明、优秀文化，而现代文明、优秀文化不仅包含城市文化对国际性、现代性的阐述，而且包含乡村传统文化对生产生活的积极认识。因此，无论是城市还是乡村，都应将城市文化与乡村传统文化有机结合在一起，一方面积极传播现代社会日新月异的科学技术知识，借鉴优秀的外来文化与人类文明，另一方面重视传承乡村优秀的传统文化，展示乡村独到的文化内涵和文化品格。构成乡村文化整体的，既是乡村独特的自然生态景观，又是建立在这种生态之上的村民们自然的劳作与生存方式，也是相对稳定的乡村生活中孕育、传递的民间故事、文化与情感的交流融合①。丰富的乡村文化对于城乡受教育者都是宝贵的财富。

城市文化教育与乡村传统文化教育的融合是使受教育者全面发展的有效途径。教育是不断丰富受教育者内心、启迪受教育者思想的过程，任何一个对乡村与城市缺乏全面认识的受教育者都不可能成为完整的人，不可能成为合格的社会主义建设者和接班人。在全面认识城乡文化的基础上，乡村学校教育应选择适合乡村生活环境及师生、家长教育诉求的合理性因素，充分重视、接受城市的优秀文化，释放本土文化的独特价值，保持乡村文化生态环境的平衡与可持续发展，避免乡村文化的断裂与边缘化。同样，城市学校教育也应汲取乡村文化的优点，熟悉乡土文化的特色和优势。

七、健全教育质量评价体系

教育质量评价在客观上具有指挥棒的作用。边境地区要改变以往的教育理念，树立起全新的教育质量评价观，并不断健全有利于人的全面发展的教育质量评价体系。

第一，党政机关扭转唯升学率的教育质量评价观，从制度建设上将教师绩效奖励与升学率脱钩，从社会氛围上营造促进人的全面发展的多维评价氛围。弱化教育质量评价过分强调甄别与选拔的功能，发挥质量评价促进学生及教师全面发展、学校及区域教育健康发展的功能。基层党政机关应树立正确的政绩观，从制度上为教师和学校松绑，不将学生的升学率作为考核教师、考核学校的

① 刘铁芳. 乡村的终结与乡村教育的文化缺失[J]. 书屋，2006(10)：45－49.

标准，不对教师和学校设立升学率合格值，不得通过任何形式以中考成绩为标准奖励教师和学生；不得将升学率与学校工程项目、经费分配、评优评先等挂钩；严禁学校、各类校外教育机构、媒体等公布、宣传、炒作中考"状元"和学校升学率，在全社会广泛宣传德智体美劳全面发展的教育价值观。

第二，建立科学的适合义务教育阶段教育质量评价的指标体系，解决"评什么"的问题。教育活动是多主体协同的过程，教育行政部门、学校、教师、学生都是教育活动的参与者，在教育活动中扮演着不同的角色，享有不同的权利，履行不同的义务，他们既是教育活动的参与者，同时又是教育质量的评价对象。教育质量评价涉及对教育行政部门、学校、教师、学生的评价。

评价不同的主体需要建立一套有针对性的评价指标体系，并对照这些评价指标对评价对象进行综合评价。评价指标的确立要依据被评价者的责任范围、角色特质、对教育质量的贡献等多方面因素。教育行政部门、学校、教师在教育教学过程中分别扮演着组织者、保障者、实施者的角色，这三类主体的工作目的都是为了促进学生的全面发展。

由教育部等六部委2021年联合印发的《义务教育质量评价指南》明确提出了针对地方党委政府、学校、学生三类主体进行评价的指标，这些评价指标主要包含对三类主体各5个方面的评价，每类主体各有12项关键指标。如，围绕县域义务教育质量的评价从价值导向、组织领导、教学条件、教师队伍、均衡发展5个方面展开；对学校办学质量的评价主要包含办学方向、课程教学、教师发展、学校管理、学生发展5个方面；对学生发展质量的评价包含学生品德发展、学业发展、身心发展、审美素养、劳动与社会实践5个方面。

值得一提的是，学生在教育活动中扮演教育对象的角色，学生的表现可以作为教育质量的直接表现。因此，对学生的评价是对其受教育成效的检验，对学生接受教育后自身德智体美劳各方面的变化进行评价。教育领域各类国家标准、行业标准和国家层面的规范、指标、指南等有近800项，让教育有标可循。

例如,《中国学生发展核心素养》以培养“全面发展的人”为核心,确立人文底蕴、科学精神、学会学习、健康生活、责任担当、实践创新六大学生核心素养。《义务教育质量评价指南》针对学生发展质量评价设定了理想信念、社会责任、行为习惯、学习习惯、创新精神、学业水平、健康生活、身心素质、美育实践、感受表达、劳动习惯、社会体验12项关键指标。可见,评价学生的指标是多维的,需要从多个方面对学生进行综合评价。

第三,规范义务教育质量评价流程,综合运用多种评价方法,明确“谁来评”“怎么评”的问题。《义务教育质量评价指南》明确提出了义务教育质量评价的组织、实施机制,即要建立党委政府领导、政府教育督导部门牵头、部门协同、多方参与的组织实施机制。这一组织实施机制体现着教育治理的观念。这意味着边境地区义务教育质量评价在发挥政府主体责任的同时,可以加强第三方评估,由专业化机构运用科学手段对义务教育质量进行客观、准确、有效、高质量的评价,并保证评价程序的公正与稳定。

对于不同主体的评价应采取多种方式,如评价教育行政部门时除采取政策成效评估等方法外,还可以进行满意度调查,从不同主体的满意度来反映教育行政部门尽职履责的情况;评价学校的教育质量时要将综合评价与特色评价相结合,关注学校的特色发展;评价学生的发展质量时要以过程性评价、增值性评价为主,这对边境乡村地区尤为重要,要善于纵向比较,对学生的努力程度和自身的进步与提高作出客观评价。

完善义务教育质量评价结果的运用机制。义务教育质量评价并不是为了甄别、分级,而是为了促进各类主体不断改进与完善,推动义务教育质量提升。因此,应充分发挥评价结果的作用。《义务教育质量评价指南》要求将学生发展质量评价结果作为学校办学质量评价和县域义务教育质量评价的重要依据,将学校办学质量评价结果作为对学校奖惩、政策支持、资源配置和考核校长的重要依据,将县域义务教育质量评价结果与县级党政领导履行教育职责评价、义务教育优质均衡发展认定等工作挂钩。由于评价结果与问责的连接,各主体会提高对义务教育质量评价的重视程度,会更好地承担起各自的责任,将义务教育质量提升落实得更加到位。

同时,建立义务教育质量评价结果的反馈机制。评价结果是对各主体现实状况的真实反映,评价结果所反映出来的真实问题为各主体改进现有不足提供了科学的诊断,因此应将这些科学的诊断准确、完整地反馈给评价对象,并采取有针对性的方式为各主体提供“增值服务”,帮助各主体形成改进方案,促进各主体根据评价结果自我反思、自我调整。

结语　为了更加美好的边境地区义务教育
——“十四五”教育发展规划描绘壮丽图景

“十四五”教育发展规划站在一个非常重要的历史节点上。“十四五”时期是我国全面建成小康社会、实现第一个百年奋斗目标之后，乘势而上开启全面建设社会主义现代化国家新征程、向第二个百年奋斗目标进军的第一个五年。总体而言，我国进入新的发展阶段，发展基础更加坚实，发展条件深刻变化，进一步发展面临新的机遇和挑战。具体到教育领域，我国学前教育阶段逐步解决了入园难、入园贵的问题，义务教育均衡发展基本实现，高中阶段进入普及阶段，高等教育毛入学率提高，职业教育进入现代化职业教育体系建设阶段。建立在教育基本普及的坚实基础上，“十四五”教育发展规划是追求教育高质量发展的第一个五年规划，有着宏大的目标追求以及良好的发展契机，同时也面临着较大的挑战。

一、置身广阔社会背景，教育政策规划与国家战略紧密结合

《中华人民共和国国民经济和社会发展第十四个五年（2021—2025 年）规划和 2035 年远景目标纲要》对我国公共事业发展提出了新的目标与要求，与教育相关的要求包括：“激发人才创新活力”“加快数字社会建设步伐”“坚持农业

农村优先发展，全面推进乡村振兴”“健全城乡融合发展体制机制”“实现巩固拓展脱贫攻坚成果同乡村振兴有效衔接”“深入实施区域协调发展战略”“提升国民素质，促进人的全面发展”等。可见，教育作为公共事业的重要组成部分，要实现高质量发展，必须理顺教育内部的结构、质量问题，并保持与其他社会事业的协调发展。教育在人才强国、乡村振兴战略、巩固拓展脱贫攻坚成果同乡村振兴有机衔接等国家战略中发挥着基础性作用。同时教育的高质量发展既要面临数字社会建设的挑战，又需要区域协调发展等政策的支持。“十四五”教育政策规划必须将教育发展与乡村振兴、推进区域协调发展和新型城镇化建设、国土空间布局、高水平对外开放等方面紧密结合，高度重视社会变迁与教育发展的关系。“十四五”教育政策规划要把教育作为社会新发展格局的优先因素和内生变量，进行系统设计。

同时，国家对边境地区的政策安排同样体现在社会经济、政治、文化、对外交流、教育等各个方面（详见表4），基本的思路是充分发挥边境地区的地缘优势，扶持边境地区公共基础事业的建设与发展，并创新发展思路，以开放的姿态、以经济建设为切入点，加快边境地区对外开放平台的搭建。边境地区的教育政策规划必须与国家战略紧密结合，一方面适应边境地区社会发展的新定位与战略布局，从而形成与社会发展格局一致的政策体系，获得各方面的支持，使边境地区的教育从洼地逐渐发展成一片高地；另一方面发挥教育在边境地区建设中的基础性作用，以人才培养为纽带，为边境地区乡村振兴、产业兴盛、边贸发展等方面提供人力资源支撑，在凝聚共识、统一思想、维护稳定等方面发挥奠基性作用。

教育高质量发展是“十四五”规划对教育领域的方向性要求。教育高质量发展首先是教育内部的发展问题，即必须在维护教育公平的价值理念下，聚焦教育高速发展产生的结构性问题。同时，教育高质量发展要把握乡村振兴战略的契机。教育高质量发展离不开乡村教育的高质量发展,从某种意义上讲,边境乡村地区的教育高质量发展是我国教育高质量发展的难点。“十四五”教育政策规划要与《中共中央 国务院关于全面推进乡村振兴加快农业农村现代化的意见》精神相匹配,与其中对乡村基础设施建设、公共服务建设的相关措施相统一,统筹规划好乡村义务教育,推动城乡义务教育一体化,为乡村教育发展夯实基础,为乡村振兴提供思想、人才、技术等方面的支撑。因此,“十四五”教育政策规划应着力破解制约乡村振兴的主客观因素,解决长期以来制约乡村教育发展的相关问题,如提升乡村中小学教研水平、保留并办好必要的乡村小规模学校,促进乡村义务教育优质均衡发展,大幅提升乡村义务教育质量。

表 4 《中华人民共和国国民经济和社会发展第十四个五年(2021—2025 年)规划和 2035 年远景目标纲要》中有关“边境”的政策安排

章	节	政策安排具体表述
第三十章　优化国土空间开发保护格局	第三节　提升重要功能性区域的保障能力	以农产品主产区、重点生态功能区、能源资源富集地区和边境地区等承担战略功能的区域为支撑,切实维护国家粮食安全、生态安全、能源安全和边疆安全,与动力源地区共同打造高质量发展的动力系统 增强边疆地区发展能力,强化人口和经济支撑,促进民族团结和边疆稳定 健全公共资源配置机制,对重点生态功能区、农产品主产区、边境地区等提供有效转移支付

续表

章	节	政策安排具体表述
第三十二章　深入实施区域协调发展战略	第五节　支持特殊类型地区发展	推进兴边富民、稳边固边，大力改善边境地区生产生活条件，完善沿边城镇体系，支持边境口岸建设，加快抵边村镇和抵边通道建设。推动边境贸易创新发展。加大对重点边境地区发展精准支持力度
第四十章　建设更高水平开放型经济新体制	第二节　提升对外开放平台功能	创新提升国家级新区和开发区，促进综合保税区高水平开放，完善沿边重点开发开放试验区、边境经济合作区、跨境经济合作区功能
	第三节　优化区域开放布局	推动沿边开发开放高质量发展，加快边境贸易创新发展，更好发挥重点口岸和边境城市内外联通作用
第四十三章　建设高质量教育体系	专栏16　教育提质扩容工程	以教育基础薄弱县和人口流入地为重点，新建、改扩建中小学校4000所以上。在边境县（团场）建设100所“国门学校”
第四十四章　全面推进健康中国建设	第二节　深化医药卫生体制改革	加强基层医疗卫生队伍建设，以城市社区和农村基层、边境口岸城市、县级医院为重点，完善城乡医疗服务网络

二、聚焦核心目标，为边境地区教育高质量发展搭建政策框架

《中共中央关于制定国民经济和社会发展第十四个五年（2021—2025

年）规划和2035年远景目标的建议》以及《中华人民共和国国民经济和社会发展第十四个五年（2021—2025年）规划和2035年远景目标纲要》均作出“建设高质量教育体系”的决策部署，这决定了在未来的五年内，高质量发展是教育发展的方向，亦是教育发展的核心目标。分类施策、与时俱进对高质量发展意义重大。

分类施策的意义在于基于不同地区教育发展水平的实际水平，各有侧重，采取有针对性的政策措施提升教育发展水平。如高质量发展的第一关就是欠发达地区乡村义务教育进一步补短板、强弱项。对欠发地区特别是边境乡村地区教育发展进行系统研究与规划，直接抬高了我国教育事业的底部，可以加快我国建设高质量教育体系的进程。“十四五”是承前启后的关键阶段。“十四五”阶段的政策规划既需要汲取已有的优势与经验，对前期积累的丰富经验予以充分梳理与总结，又需要以前瞻的视野面向未来，明确发展目标、破解制度性障碍、延续制度优势、加强制度创新，开创性地谋划教育高质量发展之路。

与时俱进的意义在于敏锐把握当前教育发展形势，对新时代出现的新问题积极关注，给予恰当的政策引导，创造性地解决制约欠发达地区教育高质量发展的问题，制定相应政策以推动欠发达地区教育发展驶上快车道。

边境地区义务教育政策规划应紧扣高质量发展目标，为边境乡村义务教育高质量发展搭建广阔的政策空间。

第一，“十四五”期间边境地区义务教育政策规划应保持一定的连贯性，巩固教育脱贫攻坚成果，加大防返贫监控，并有序与乡村振兴相衔接。我国在教育公平价值理念的指导下，实施了一系列扶助边境地区义务教育发展的政策以及激发边境地区义务教育发展内部活力的政策措施，积累了丰富的经验。这些外援性与内生性相结合的教育政策以“缩小差距”“补齐短板”为手段，致力于促进边境地区义务教育优质均衡发展。“十四五”期间的边境地区义务教育政策规划应保持政策的连续性与稳定性，延续并优化现有的好政策，如对口支援帮扶、新疆班西藏班等多种办学形式，并进一步探索普惠政策与专项政策，如出台提升教师职业吸引力的系列政策，优化乡村教师招聘、专业发展、职务职称晋升、考核评价等制度安排，探索教育固脱防返、返贫防控与乡村振兴衔接的新机制。

第二，“十四五”时期的边境地区义务教育政策规划应立足社会实践和教育实际需求，注重本土特点，适配本地需求。边境地区作为一个整体具有共同的特点，教育政策规划要立足边境地区的特点，充分反映边境地区教育的发展需求，抓住边境地区义务教育发展面临的主要问题，加大破解力度，例如，调整政府、学校、市场的关系，建立现代学校制度，推动教育治理现代化；全面推广国家统编教材，加强国家通用语言文字教育；加强思想政治教育，增强民族团结进步教育实效性，铸牢中华民族共同体意识；优化课程结构，充分挖掘边境地区自然环境、人文资源等优势，开发与当地社会文化相适应的地方课程和校本课程。同时，边境9省区教育发展的差异非常大，呈现出鲜明的地域特点，这就要求边境地区义务教育政策规划既要体现出边境地区的共性，也要尊重区域个性，为区域教育政策规划留出空间，增加制度安排的弹性和政策方案的灵活性。

第三，边境地区城乡义务教育统筹发展、一体化发展是教育政策规划的主要思路，是教育政策规划与乡村振兴战略的重要结合点。“十四五”期间，边境地区城乡义务教育统筹发展、一体化发展的重点仍以解决“乡村弱”与“城镇挤”为主要内容。结合乡村振兴战略对乡村基础设施建设、乡村公共服务建设的政策安排，持续改善乡村办学条件，将教育公共资源重点向乡村、经济相对落后的乡镇、城乡薄弱学校倾斜，从软硬件两方面缩小城乡教育差距。紧跟时代的步伐，运用人工智能等技术手段，加大人工智能教育技术在乡村教育教学领域中的应用,推动城乡优质教育资源共享,探索城乡教育资源双向流动、双向联动、双向共赢机制,大幅提升乡村教育质量。

第四,积极应对教育发展新形式与新问题,为“人工智能+教育”模式在边境地区中小学广泛应用提供制度支持。以人工智能为核心的新一轮科技革命逐渐深化,人工智能越来越多地渗透到教育领域中,一些发达城市已经在探索人机协同教学模式。人工智能虽然没有广泛应用于边境地区,但在“十四五”期间,随着人工智能日新月异的发展,人工智能技术很有可能随着会与课堂教学结合得更加紧密。“十四五”时期的边境地区义务教育政策规划应对教育信息化基础设施建设、硬件接入及维护更新、教师信息化能力培养等通盘考量,促进线上教育和线下教育优势互补,持续探索“人工智能+精准扶智”机制,运用智能技术手段提高边境乡村地区教育质量。

三、深化“治理”观念,加强教育政策规划的系统性

《中共中央关于坚持和完善中国特色社会主义制度 推进国家治理体系和治理能力现代化若干重大问题的决定》对国家治理进行了全面阐述,提出“加强系统治理、依法治理、综合治理、源头治理,把我国制度优势更好转化为国家治理效能,为实现‘两个一百年’奋斗目标、实现中华民族伟大复兴的中国梦提供有力保证”。在国家治理体系与治理能力建设的大框架下,教育治理已成为国家治理体系建设的重要组成内容,同时,高质量的教育发展必然与教育治理的高质量发展密切相关。因此,“十四五”期间边境地区义务教育政策规划要设计教育治理的相关实体与程序,构建教育治理新格局。

教育治理新格局首先是由单一主体管理向多主体参与转变。这种转变可

最先体现在教育政策规划编制过程中决策模式的改变,即由政府决策变为多主体广泛参与。只有各主体广泛参与教育政策规划编制,才能使政策目标的确认、政策方案的优化符合“办好人民满意的教育”的要求,体现坚持问题导向的要求,才能从源头上加强教育活动中各主体的沟通理解,从而提高教育政策规划的执行力。各主体广泛参与教育政策规划过程是教育治理体系与治理能力建设的有益尝试。

在政策方案的设计上,教育政策规划要充分体现教育治理的观念和思路,加强政策措施的系统性,对各教育主体的责任合理分配,并对教育过程中不同主体之间的关系进行协调,构建多主体参与教育事务的机制,搭建不同利益主体表达诉求的平台,提供多样性的公共教育服务,综合运用多种政策工具调动政府、学校、家庭、社会、社区等多主体的主动性与积极性,形成各主体各尽其责、合作共育的教育治理新格局。

系统的教育政策规划是促进边境乡村地区义务教育高质量发展的重要制度保障。

在横向上,教育政策规划要与社会其他公共事业规划相协调。边境乡村地区社会环境较为复杂,义务教育发展的内外部环境亦相对复杂,因此应将教育发展与社会发展融合起来。“十四五”时期的边境地区义务教育政策规划应将教育发展置于乡村基层社会治理之中,运用好社会治理的利好政策,使教育发展的制度安排与社会治理的各种政策协调同行,形成制度合力。

在纵向上,教育政策规划应保持国家战略与区域发展战略的系统性,使国家教育发展战略与区域教育发展战略有效联动,顶层设计与基层实践紧密联系。一方面国家教育发展战略关注基层教育实践,对现实问题给予正面回应,并搭建制度框架,为区域教育政策制定留出空间;另一方面区域教育发展战略必须胸怀大局,避免狭隘的地方保护主义,体现地方特色的前提是与国家教育战略保持同一方向，在国家教育发展的总体布局下探寻适切的特色化发展路径。

从时间维度上，教育政策规划应保持远景目标与阶段目标的系统性。“十四五”是特定的一段历史时期，“十四五”阶段的教育目标亦属于阶段目标。远景目标则由多个阶段目标进阶发展而成。因此，阶段目标应具有继承性与递进性。“十四五”阶段的教育目标是在“十三五”的基础上，继续向建设社会主义现代化教育强国迈进。“十四五”边境地区义务教育政策规划应提升教育现代化水平，在教育理念现代化、基础设施配置现代化、教育治理现代化、教学手段现代化等方面做好谋划。

教育政策规划要加强教育体系内部的各个主体与各个要素之间的系统性。教育系统要保持教育结构、教育类型、教育层次的有序衔接。“十四五”期间边境地区教育体系要进一步完善结构，在原有“初、中、高”学历教育系统的基础上，构建面向人人的终身教育体系。在这样的总体框架下，义务教育阶段要加强初中与职业教育的衔接，启动义务教育阶段人才分类培养、分类评价与课程教学的贯通改革，不断提高教育教学质量与人才培养质量，为边境地区经济社会发展提供智力支撑。

同时，要加强家校协作，保持学校教育和家庭教育的系统性。高质量的教育必然包含家庭教育的贡献。特别是在教育教学条件达到较为均衡的水平之后，学校教育的差距在缩小，家庭教育所起的作用进一步增大。在进一步推进校际公平的同时，应充分调动家长的教育积极性，引导家长增加对教育的投入。

当前，边境地区的家庭教育状况不容乐观，有些家长对教育不够重视，有些家长缺乏教育孩子的能力。边境乡村地区有不少留守儿童，留守儿童的家长由于空间距离，与孩子的思想交流、学业情况讨论都较少，家庭教育基本缺席。面对此类情况，学校、社区可通过搭建亲子沟通交流平台等方式帮助家长最大限度地履行教育责任，形成家校协作常态化机制。

“十四五”时期的边境地区义务教育政策规划有必要高度重视家庭教育的重要价值，尊重家庭教育权，将家庭教育纳入教育规划中，赋予家庭更多的教育权利与责任，有步骤地撬动家庭教育育人理念、育人方式的变革，依靠政府、社区和妇联等相关部门组织协调，构建教育行动共同体，建立家庭教育联动责任机制。

参考文献

［1］邓小平. 邓小平文选:第 2 卷［M］. 北京:人民出版社,1993.

［2］江泽民. 江泽民文选:第 2 卷［M］. 北京:人民出版社,2006.

［3］江泽民. 论科学技术［M］. 北京:中央文献出版社,2001.

［4］中共中央党史和文献研究院. 习近平扶贫论述摘编［M］. 北京:中央文献出版社,2018.

［5］习近平. 习近平谈治国理政［M］. 北京:外文出版社,2014.

［6］习近平. 做焦裕禄式的县委书记［M］. 北京:中央文献出版社,2015.

［7］习近平. 给“国培计划(二〇一四)”北师大贵州研修班参训教师的回信(2015 年 9 月 9 日)［N］. 人民日报,2015 -9 -10(1).

［8］习近平. 弘扬人民友谊共创美好未来［N］. 人民日报,2013 -9 -9(1).

［9］习近平. 决胜全面建成小康社会 夺取新时代中国特色社会主义伟大胜利:在中国共产党第十九次全国代表大会上的报告［N］. 人民日报,2017 -10 -28(1).

［10］习近平. 青年要自觉践行社会主义核心价值观:在北京大学师生座谈会上的讲话［N］. 人民日报,2014 -05 -05(1).

［11］习近平. 在北京市八一学校考察时的讲话(2016 年 9 月 9 日)［N］. 人民日报,2016 -9 -10(1).

［12］习近平. 做党和人民满意的好老师:同北京师范大学师生代表座谈时的讲

话[N]. 人民日报,2014-09-10(1).

[13] 习近平. 习近平给华中农业大学“本禹志愿服务队”回信　勉励青年志愿者以青春梦想用实际行动为实现中国梦作出新的更大贡献[N]. 人民日报,2013-12-06(1).

[14] 习近平. 习近平给中央民族大学附属中学全校学生的回信(2013年10月1日)[N]. 人民日报,2013-10-07(1).

[15] 习近平. 习近平向全国广大教师致慰问信[N]. 人民日报,2013-09-10(1).

[16] 习近平在江苏调研时强调主动把握和积极适应经济发展新常态推动改革开放和现代化建设迈上新台阶[N]. 人民日报,2014-12-15(1).

[17] 习近平在全国高校思想政治工作会议上强调 把思想政治工作贯穿教育教学全过程 开创我国高等教育事业发展新局面[N]. 人民日报,2016-12-09(1).

[18] 习近平在全国教育大会上强调 坚持中国特色社会主义教育发展道路 培养德智体美劳全面发展的社会主义建设者和接班人[N]. 人民日报,2018-09-11(1).

[19] 习近平. 在第十二届全国人民代表大会第一次会议上的讲话(2013年3月17日)[N]. 人民日报,2013-03-18(1).

[20] 习近平. 在同各界优秀青年代表座谈时的讲话(2013年5月4日)[N]. 人民日报,2013-05-05(1).

[21] 习近平. 顺应时代前进潮流,促进世界和平发展:在莫斯科国际关系学院的演讲(2013年3月23日)[N]. 人民日报,2013-03-24(1).

[22] 国家民族事务委员会. 中央民族工作会议精神学习辅导读本[M]. 北京:民族出版社,2015.

[23] 本书编写组. 党的十九大报告辅导读本[M]. 北京:人民出版社,2017.

［24］国家民族事务委员会经济发展司，国家统计局国民经济综合统计司. 中国民族统计年鉴：2019［M］. 北京：中国统计出版社，2020.

［25］赵婀娜. 努力让十三亿人民享有更好更公平的教育：党的十八大以来中国教育改革发展取得显著成就［N］. 人民日报，2017－10－17(1).

［26］赵婀娜. 清华大学苏世民学者项目启动仪式在京举行［N］. 人民日报，2013－04－22.

［27］郅庭瑾，吴晶. 教育优先发展的三个关键指标［N］. 光明日报，2018－10－16(16).

［28］国家中长期教育改革和发展规划纲要［N］. 人民日报，2010－03－01(5).

［29］王逸舟. 重视非传统安全研究［N］. 人民日报，2003－05－21(07).

［30］蔡文伯. 新疆边境地区民族教育发展研究［M］. 北京：中央民族大学出版社，2015.

［31］方明. 陶行知教育名篇［M］. 北京：教育科学出版社，2005.

［32］顾明远. 教育大辞典［M］. 上海：上海教育出版社，1998.

［33］何怀宏. 契约伦理与社会正义［M］. 北京：中国人民大学出版社，1993.

［34］贾春增. 民族社会学概论［M］. 北京：中央民族大学出版社，1996.

［35］姜长云，等. 乡村振兴战略：理论、政策和规划研究［M］. 北京：中国财经经济出版社，2018.

［36］李军超. 政府推进城乡义务教育均衡发展的制度逻辑研究［M］. 北京：中国社会科学出版社，2015.

［37］李少元. 农村教育论［M］. 南京：江苏教育出版社，2000.

［38］联合国教科文组织. 学会生存：教育世界的今天和明天［M］. 北京：教育科学出版社，1979.

［39］刘汉成，夏亚华. 乡村振兴战略的理论与实践［M］. 北京：中国经济出版

社,2019.
[40] 刘铁芳. 乡土的逃离与回归:对乡村教育的人文重建[M]. 福州:福建教育出版社,2008.
[41] 施威,耿华萍. 城乡义务教育生态化均衡研究[M]. 北京:科学出版社,2017.
[42] 宋乃庆,李森,朱德全. 中国义务教育发展报告 2013[M]. 重庆:西南师范大学出版社,2014.
[43] 苏德,陈中永. 中国边境民族教育论[M]. 北京:中央民族大学出版社,2012.
[44] 肖正德. 冲突与调适:农村中小学教学改革的文化路向[M]. 杭州:浙江大学出版社,2010.
[45] 张人杰. 国外教育社会学基本文选[M]. 上海:华东师范大学出版社,1989.
[46] 朱有瓛,等. 中国近代教育史资料汇编:教育行政机构及教育团体[M]. 上海:上海教育出版社 1993.
[47] 罗尔斯. 正义论[M]. 何怀宏,何包钢,廖申白,译. 北京:中国社会科学出版社,2009.
[48] 苏霍姆林斯基. 教育的艺术[M]. 长沙:湖南教育出版社,1983.
[49] 陈丰,石绍宾. 城乡基础教育不均衡对居民收入差距的影响:基于2006—2011 年面板数据的分析[J]. 东岳论丛,2014(3):85 – 89.
[50] 丁磊. 加强总体国家安全观教育的思考[J]. 思想政治课教学,2017(12):9 – 12.
[51] 凡勇昆,邬志辉. 我国农村教育发展方向的困境与出路:基于文化的视角[J]. 华东师范大学学报(教育科学版),2012(4):28 – 32.
[52] 付耀华,石兴安. 云南边境民族社区管理面对的社会问题及对策[J]. 世纪

桥,2014(2):78－80.

[53] 葛新斌. 农村教育:现代化的弃儿及其前景[J]. 教育理论与实践,2003(12):37－40.

[54] 谷亚华,吴霓,古文凤. 论一带一路背景下云南跨境民族文化安全与双语教育[J]. 民族教育研究,2017(5):73－76.

[55] 瑰乔. 边境民族教育基本特点浅论[J]. 民族教育研究,1990(1):74－79.

[56] 郭彩琴. 教育公平:内涵和规定性[J]. 江海学刊,2003(3): 100－104.

[57] 胡劲松. 论教育公平的内在规定性及其特征[J]. 教育研究,2001(8):8－12.

[58] 蒋士会. 教育公平结构论[J]. 学术研究,2004(4):116－121.

[59] 李芳,宋熙炯. 教育扶贫:价值理性与工具理性融合的实践逻辑[J]. 教育文化论坛,2020(3):57－63.

[60] 李芳. 边境地区义务教育阶段来华留学生教育政策的模式建构:教育政策价值分析的维度[J]. 云南民族大学学报(哲学社会科学版),2019(1):141－148.

[61] 李慧. 教育公平与教育效率关系再探[J]. 教育与经济,2000(3):21－23.

[62] 李黎. 贯彻落实总体国家安全观要义分析[J]. 党政干部论坛,2014(7):11－13.

[63] 李伟涛. 现代化进程中的教育协同治理:壁垒与进路[J]. 教育发展研究,2021(3):12－19.

[64] 廖彩荣,陈美球. 乡村振兴战略的理论逻辑、科学内涵与实现路径[J]. 农林经济管理学报, 2017,16(6) : 795－802.

[65] 刘利. 新时期民族地区防止宗教极端势力渗透研究[J]. 陕西行政学院学报,2017(5):10－14.

[66] 刘铁芳. 乡村的终结与乡村教育的文化缺失[J]. 书屋,2006(10):45－49.

[67] 刘洋. 国际安全形势发展与我国国际安全应对对策探讨[J]. 法制与经济,2013(4):129,132.

[68] 刘跃进. 论总体国家安全观的五个"总体"[J]. 人民论坛,2014(11):14－20.

[69] 罗秉森,等. 云南跨境民族问题与国家安全研究[J]. 云南警官学院学报,2003(2):84－87.

[70] 罗志红. 我国城镇化进程中城乡基础教育均衡发展研究[J]. 北京:经济科学出版社,2017:139－140.

[71] 罗中枢. 边疆的个性与共性及边疆研究的理论创新[J]. 理论与改革,2019(2):107－118.

[72] 马丽娟. 云南边境民族地区基础教育中的主要问题和对策[J]. 民族教育研究,2009(6):71－74.

[73] 毛建国. 加强大学生国家安全观教育简析[J]. 边疆经济与文化,2017(11):79－80.

[74] 戚务念. 多元化:当前农村教育目标的必然选择[J]. 江西教育科研,2005(8):23－24.

[75] 曲铁华,王丽娟. 由依附到整合:近30年农村教育价值观的历史变迁与现实审思[J]. 东北师大学报(哲学社会科学版),2012(5):201－204.

[76] 任天波,雷鸣选. 境外敌对势力应用宗教渗透的特征与危害性[J]. 理论观察,2016(4):45－47.

[77] 石中英. 教育机会均等的内涵及其政策意义[J]. 北京大学教育评论,2007(10):3－4.

[78] 苏刚,曲铁华. 现代化进程中我国农村教育价值取向的嬗变及重构[J]. 教育发展研究,2014(1):12－16.

[79] 陶小龙. 教育基尼系数的计算及其分解[J]. 云南财经大学学报(社会科学版),2009,24(2):95－96.

[80] 田正平,李江源. 教育公平新论[J]. 清华大学教育研究,2002(1):39－48.

[81] 田正平,张建中. 对近代边疆教育研究的思考[J]. 西北师大学报(社会科学版),2009(3):69 – 72.

[82] 汪洪亮. 国族建构语境下国人对边疆地区多元文化及教育方略的认识:侧重20世纪30—40年代的西南地区[J]. 四川大学学报(哲学社会科学版),2011(4):56 – 62.

[83] 王北生. 论现代教育的安全功能[J]. 教育理论与实践,2002(1):1 – 5.

[84] 王瑜,郭蒙蒙,张静. 西南跨境民族教育文化特性研究[J]. 教育评论,2017(6):43 – 47.

[85] 薛二勇,傅王倩,李健. 论在线教育发展的公平问题[J]. 中国电化教育,2021(3):1 – 7.

[86] 闫坤,刘新波. "以县为主"教育管理体制下农村义务教育非均衡发展的测算:基于历年省级数据的实证分析[J]. 中国社会科学院研究生院学报,2010(20):116 – 118.

[87] 余潇枫,王江丽. 非传统安全维护的"边界"、"语境"与"范式"[J]. 世界经济与政治,2006(11):55 – 61.

[88] 袁桂林. 农村义务教育以县为主管理体制现状及多元化发展模式初探[J]. 东北大学学报,2004(1):115 – 122.

[89] 张荣花. 新时代推进教育公平的四维度思考[J]. 中州学刊,2019(12):94 – 99.

[90] 张小林. 乡村概念辨析[J]. 地理学报,1998,53(4):365 – 370.

[91] 张颖帅. "总体国家安全观"与大学生国家安全意识提升[J]. 中州大学学报,2015(2):77 – 79.

[92] 赵宇星,崔兴平. 十八大以来党的教育公平思想内涵及其当代价值[J]. 教育现代化,2020(2):151 – 153.

[93] 郑刚. "一带一路"战略中的民族教育对外开放策略研究[J]. 中国民族教育,2016(5):15 – 18.

[94] 郑淮. 略论我国的社会分层变化及其对教育公平的影响[J]. 华南师范大学学报(社会科学版),1999(2): 50 - 56,62.

[95] 周平. 边疆治理视野中的认同问题[J]. 云南师范大学学报(哲学社会科学版),2009(1):11 - 17.

[96] 邹红军,林丹,柳海民. 论以实现"人的全面发展"为核心的新教育公平[J]. 广西社会科学,2019(10):183 - 188.

[97] 黄振宇. "一带一路"战略背景下边疆少数民族地区安全稳定问题研究:以内蒙古自治区为例[D]. 呼和浩特:内蒙古大学,2016.

[98] 宋南争. 多元文化视角下云南边境教育安全[D]. 昆明:云南师范大学,2015.

[99] 王晓辉. 关于教育决策过程的评价标准研究[D]. 沈阳:沈阳师范大学,2008.

[100] 周晓慧. 中小学城乡教师交流激励机制研究[D]. 重庆:西南大学,2009.

[101] 曹东勃. 大力探索耕读教育模式[N]. 农民日报,2021 - 03 - 19(3).

[102] 周永生. 国家安全观首重民众安全[N]. 东莞日报,2014 - 04 - 21(B04).

[103] 张志勇. 我国教育治理体系改革该向何处去[N]. 中国教育报,2015 - 07 - 19(4).

附　　录

访谈情况说明与访谈提纲

为准确了解乡村振兴战略背景下边境地区义务教育政策的制定与执行情况、不同群体对边境地区义务教育发展的理解、边境地区义务教育发展过程中面临的实际困难，本书抽取部分边境县于2020—2021年对教育行政部门人员、学校教师、家长三类主体进行访谈。在访谈过程中边讲述、边梳理、边回访，就某些问题多次与被访者探讨交流。在针对教育行政部门的访谈中，面向教育部、国家民委相关司局工作人员及地方教育行政部门（包含省教育厅、地市州教育局、县教育局）相关处室工作人员，主要了解教育政策制定、执行主体对边境地区义务教育政策规划的理解、设想与思路。同时，对边境地区中小学（包含乡村学校、教学点、小规模学校）校领导、中层干部及教师、家长进行访谈，主要了解学校、教师、家长对边境地区义务教育发展的满意度、对边境地区义务教育政策规划的诉求等。访谈提纲如下：

（一）教育行政部门人员访谈提纲

（面向部委、省级、地市州、县各级教育行政部门工作人员）

1. 您如何理解边境地区的教育发展？您认为在乡村振兴战略背景下，边境地区义务教育发展的主要任务、主要问题有哪些？

2. 您如何看待边境地区教育发展所面临的内外部环境？它们对边境地区教育发展有哪些影响？

3. 您对当前边境地区的教育政策有哪些认识？（如：这些政策是否完备，还可以从哪些方面改进？）您对边境地区教育政策的制定持何种态度？

4. 在教育政策的执行过程中，是否遇到一些困难？如果克服这些困难？

5. 您认为边境地区义务教育发展过程中还存在哪些现实困难？您对这些问题的解决有哪些思考？您对教育政策的制定有哪些思考？

6. 您是否参与过教育政策规划？可否介绍一下规划编制的过程？

（二）教师访谈提纲

（面向边境地区中小学校领导、中层干部及教师，含教学点、小规模学校）

1. 您对边境地区中小学发展的环境有哪些认识？您认为边境地区的中小学和其他地区是否不一样？有哪些特点，面临哪些实际困难？

2. 您对自己的职业状态是否满意？您对自身的职业生涯有哪些规划和打算？您对坚守边疆是怎么看待的？

3. 您是否了解边境国门学校？本地区是否有抵边的学校？这些学校的发展历程、现状您了解多少，可否介绍一下？

4. 您在教育教学中遇到了哪些困难？需要哪些帮助（教育行政部门、学校等方面)? 如果从自身找原因,您觉得自己还存在哪些不足?

5. 在思政教育全员育人的过程中,您做了哪些工作? 您觉得还有哪些可改进的方面?

6. 您参加过哪些类型的培训? 这些培训都是哪些部门组织的? 培训内容有哪些? 您觉得培训效果如何?

(三)家长访谈提纲

(面向边境地区子女正在接受义务教育的家长,含父母、祖父母、外祖父母)

1. 您最关心孩子的哪些方面? 对孩子有哪些期待? 对孩子的教育有没有具体的想法?

2. 您的孩子主要是谁来照顾? 谁来辅导他们学习?

3. 您对孩子的辅导一般采用哪些方式? 与孩子的关系怎么样?

4. 您对学校的教育工作是否满意? 对教师教育教学的组织是否满意? 对学校、老师有什么想说的话吗?

5. 您参加家长会吗? 您和老师的沟通多不多? 主要通过什么渠道?

6. 您愿意配合老师提出的家庭教学要求吗? 您想了解学校的具体教育工作吗? 您愿意参与学校的一些工作吗?

主观上的刻板印象。当我一次又一次地走进边境地区村落、走进乡村学校,我越来越清晰地感受到:乡村不应该是落后的代名词,应将乡村独特的魅力充分释放出来;城乡一体化发展是一个城乡互动、互惠的过程,并不是乡村一味地索取、城市一味地奉献。作为一个母亲,每当我被各种养育焦虑困扰之时,我的眼前都会浮现出边陲村落孩子们的笑脸,他们的主观幸福感时时在提醒我要思考教育的本质,总会打消我诸多急功近利的养育念头。也许城市教育中遇到的种种问题,恰恰能通过对乡村教育的探究找到解决之道。乡村那种清澈淳朴、返璞归真的美好,也正是城市所向往的。

在本书出版之际,衷心感谢全国教育科学规划办对本研究的资助,衷心感谢教育部民族教育发展中心的领导与各位老师的支持与帮助,衷心感谢北京师范大学中国教育与社会发展研究院各位同事的鼓励。我也由衷感受到自己的幸运。因研究边境地区教育政策规划而得到了诸多前辈的指点,结识了志趣相投的小伙伴,我衷心感谢在我困惑、抱怨之时,不断点拨、鼓励、安慰我的前辈与同伴。前辈高屋建瓴的指点让我豁然开朗,同伴的分享与鼓励使我的思考不断深入。

为了美好未来!更公平、更优质、更美好的教育是我们永恒的追求。对边境地区义务教育政策规划的研究仅是一个开端,我将不断积累、不断思考,进行更多有益探索与尝试。由于能力和时间的局限,本书仍有许多不足,书中所提及的边境地区义务教育城乡一体化发展的制度设计仍较为浅薄,其中对边境地区乡村义务教育发展过程中可能出现的影响教育公平的隐性问题分析得仍不够深入,恳请广大读者与同行不吝赐教,批评指正!

李芳于北京

2022 年 8 月